地方創生は日本を救うか

KPI
ランキングで
読み解く
日本の未来

小川克彦
山口信弥

NTT出版

目 次

序章　地方の魅力は人だ……… 5
――働き方，暮らし方，生き方が変わる

第1章　KPIで読み解く地方創生……… 19

1.1　人口の現状……… 20
1.2　人口の将来展望……… 24
1.3　地方公共団体がKPIを設定した背景……… 26
1.4　KPIで読み解くことによる利点……… 30
1.5　KPIの分析方法……… 33

第2章　KPIの分析結果……… 43

2.1　主要なKPI……… 44
（1）人口予測……… 44
（2）人口目標……… 46
（3）総合戦略による人口増効果……… 49
（4）雇用創出数……… 52
（5）社会増減数……… 54
（6）合計特殊出生率……… 57

2.2　しごと・雇用のKPI……… 60
（1）企業立地件数……… 60
（2）本社機能立地件数……… 63
（3）県の支援による創業件数……… 66
（4）産学官連携取組件数……… 69
（5）入域観光客数……… 72
（6）外国人観光客数……… 75
（7）観光消費額……… 78
（8）女性の就業率……… 81
（9）新規就農者数……… 83
（10）林業新規就業者数……… 86
（11）漁業新規就業者数……… 89

2.3　UIJターンのKPI……… 92
（1）県内大学生の県内就職率……… 92
（2）県の支援による移住者数……… 95
（3）UIJターン就職者数……… 97

2.4　結婚・子育てのKPI……… 99
（1）結婚支援センターによる婚姻者数……… 99
（2）男性育児休業取得率……… 102
（3）子育て応援企業数……… 104

第3章　産業振興と起業はすべての基本だ……107

3.1　企業立地……108

(1) マザー工場を誘致　～兵庫県～……108
(2) IT企業でアジアとの架け橋　～沖縄県～……111
(3) LEDバレイ構想　～徳島県～……113
(4) 農業で産学官連携　～徳島県～……116
(5) 設備投資もマイレージで　～三重県～……116
(6) 大規模投資への支援　～兵庫県～……118
(7) しごとと暮らしの融合　～静岡県～……119
(8) 従業員や住民が住みやすい職住一体　～静岡県と兵庫県～……122
(9) まとめ……123

3.2　創業支援……125

(1) 女性の創業　～山口県～……125
(2) 土着ベンチャー(ドチャベン)　～秋田県～……128
(3) 知事のトップセールス　～三重県～……130
(4) まとめ……132

3.3　観光振興……134

(1) 外国人へのおもてなし　～沖縄県～……134
(2) 恐竜王国福井　～福井県～……136
(3) まとめ……138

第4章　地方に移住して魅力ある生活を……139

4.1　若者の定住……140

(1) 「A」ターン　～秋田県～……140
(2) プラス1の女性雇用　～福井県～……142
(3) まとめ……144

4.2　移住促進……145

(1) 子どもの教育環境　～秋田県～……145
(2) 住みかえる　～静岡県～……148
(3) サテライトオフィス　～徳島県～……150
(4) まとめ……152

第5章 行政も婚活に一所懸命 155

5.1 出会い支援 156
（1）行政のマッチング支援　〜兵庫県〜 156
（2）結婚応援企業　〜福井県〜 158
（3）まとめ 159

5.2 出生率の向上 161
（1）日本一の出生率　〜沖縄県〜 161
（2）少子化突破戦略の羅針盤　〜静岡県〜 163
（3）まとめ 165

5.3 子育て環境 167
（1）男性に着目した支援策　〜三重県〜 167
（2）企業の好事例集を公表　〜山口県〜 169
（3）まとめ 170

終章 地方創生と日本の未来 171

総合戦略の出典 194

あとがき 197

序章

地方の魅力は人だ
──働き方，暮らし方，生き方が変わる

鯖江市役所JK課に学ぶこと

　福井県の鯖江市役所にはJK課がある．JKとは女子高生のことだ．市役所の正式な組織ではないが，市民が参加する実験的プロジェクトの名称である．

　JK課のメンバーは，鯖江市に住んでいるか，鯖江市内の高校に通っている現役の女子高生だ．テレビや新聞で，あるいは先輩たちのツイッターや口コミを見聞きして集まってきた．彼女たちの自由な発想のもとに，市役所の職員や地元の企業など，大人の市民と一緒に，鯖江のまちを楽しむ企画や地域活動を行っている．活動の主役は女子高生であり，大人たちはあくまでもサポーターとして協力する．

　女子高生といえば，もともとまちづくりにあまり関心のない代表格といえるかもしれない．そんな彼女たちが考えた活動だからこそ，活動の楽しさや面白さが共感を呼び，たくさんの市民を巻き込むことでまちに変化をつくりだせるのではないか，というのがこのプロジェクトの狙いだ．学識経験者に審議してもらおう，予算をとってから活動しよう，といった従来の役所の常識や型にとらわれず，法律を遵守したうえで，彼女たちが自分で決めて自分で実践するというのが基本的なルールになっている．

　2014年4月に発足してから3年間，JK課ではさまざまな地域活動を実施してきた[1]．

　その一つが道路のゴミ拾いだ．企画の名前がピカピカプラン．大人から子どもまで，家族連れやグループなど，さまざまな市民が参加して，道路に落ちているペットボトルや吸い殻などのゴミを拾う．自分たちのまちは自分たちでピカピカにするという趣旨だ．このピカピカプランは年に

---

[1] 若新雄純『創造的脱力——かたい社会に変化をつくる，ゆるいコミュニケーション論』光文社，2015年．

数回開催されてきたが，メンバーの提案によってボランティア専用のかわいいゴミ袋が用意され，ハロウィンのゴミ拾いでは市民が仮装して参加したり，スポンサー企業を募って景品を出したりするなど，鯖江の楽しい地域活動として定着してきた．

そのゴミ拾いに参加したのが鯖江に駐屯している陸上自衛隊の人たちだ．参加した理由は地域との交流を図ることだったのであるが，この参加がきっかけとなって，JK課のメンバーが自衛隊に2日間の体験入隊をすることになった．サバイバルリレーや土嚢づくりの訓練を行うとともに，夜には迷彩服ではなく自衛隊員の日常を見てもらおうと，私服のファッションショーが行われた．体験入隊を終えたあとのJK課のブログ[2]には，

> 自衛隊の方々の訓練に対しての真剣さ，気さくさを感じることができ，震災等の災害が起きたときもこんな方たちに助けて頂けると精神的にも助けられる部分が多いと率直に感じました．

と記されている．女子高生の素直な意見だと思う．地元とはいえ市民にあまり馴染みのない自衛隊だが，JK課のおかげで地元との新たなつながりができあがった．

JK課と市民がまちづくりの未来について語り合ったり，警察とコラボしたり，オリジナルスイーツを開発したり，ときにはクラウドファンディングで活動資金を得たり，JK課は鯖江にさまざまな変化をつくりだしている．さらに，福島の子どもたちと化学実験をしたり，全国の市町村職員がJK課にインターンシップに来たり，全国高校生サミットを開催したり，地元のみならず全国にその変化の輪が広がり始めている．

このような市民参加の活動が，鯖江市で活発に行われているのには理由がある．

---

(2) 鯖江市役所JK課公式ブログ．http://ameblo.jp/sabae-jk/

鯖江市役所職員が着用するシャツには「市民主役」の文字が書かれている

　1995年に第31回世界体操競技選手権が鯖江市で開催され，市民がボランティアとしてこの大会を支えた．これをきっかけとして市民によるまちづくりが活発になり，2010年に鯖江市の市民主役条例が公布された．この条例には，（1）まちづくりの主役は市民である，（2）まちづくりの基本は人づくりである，（3）自らが暮らすまちのまちづくり活動に興味，関心を持つ，（4）市は協働のパートナーである，ということが記されている．
　婚活の出会い交流，ソーシャルビジネスの起業，高齢者のいきがい，在住外国人の生活支援など，年度ごとにさまざまな公共的な事業を市民が提案し，審査をへて市役所はその事業をサポートしている．
　このような土壌があるがゆえに，若い市民として女子高生たちが提案する活動も活発になる．しかし，市民主役で提案する公共的な事業は市役所からの委託という形になり，大人たちの良識からはみだすことはあまりない．JK課の活動はその良識を変化させたといえる．

JK課のメンバーは地元のマスコミが積極的にとりあげることもあり，地元の若い人たちの共感を得ている．日頃から若い人たちと交流を持ちたいと思う高齢者も加わり，鯖江市に老若男女の新しいつながりが生まれてきた．

　鯖江市では女子高生という新たな視点で人と人の新しいつながりがつくられ，まちづくりに変化をもたらした．鯖江市に限らず，今の日本に求められる地方創生の鍵はこの「つながり」と「変化」ではないだろうか．新たなつながりが地方に変化をもたらし，その変化が新たなつながりを生む．地方におけるイノベーションは，「つながり」と「変化」の連鎖から創生される．もちろん，その連鎖をつくりだすのは人であり，「人」がすべての鍵になることは言うまでもない．

人の働き方，暮らし方，生き方が変化する

　市民主役の鯖江市にあっても，さすがに人口は減少する．社人研（国立社会保障・人口問題研究所）の人口推計では，2010年の67,450人が2040年には60,290人（約11％減少）になるとされている．鯖江市ではさまざまな施策により，子どもの出生率，さらには地元への定着率や転入率を高めることで2040年に63,889人（約5％減少）にしたいと考えている．

　実際に，JR鯖江駅に降りると，駅前は閑散としており人影はあまりない．初めて鯖江に来た学生たちが市役所で最初に質問したのは「どうして駅前に人がいないのですか？」であった．多くの人が行き交う東京圏の駅を見慣れた学生にとって，この光景は異様に映るかもしれない．もちろん，これは鯖江に限ったことではない．地方創生のインタビューで多くの県庁に訪問しているが，JR福井駅，JR徳島駅，近鉄津駅など，県庁所在地の主要駅といえども人影はまばらだ．1人1台の車を所有し，移動はすべて車を使い，買い物は郊外のショッピングモールに行く，と

いうのが地方の生活には違いないが[3]，閑散とした駅前に地方の衰退を誰しも感じてしまう．

鯖江市の女子高生と同じく，地方の衰退に歯止めをかけるため，地方に「変化」をもたらそうと活動している「人」がいる．この人たちはどのような「つながり」をつくり，どのような「変化」をもたらしているのだろうか．ここで二つの事例を紹介したい．

まずは秋田県の「ドチャベン」だ[4][5]．これは土着ベンチャーの略で，秋田県が推進している「田舎発，事業創出プログラム」のことで，2015年から始まった．秋田県に移住して起業したい人たちに対し，東京や秋田などで起業セミナーを開催し，起業するベンチャー向けのビジネスコンテストを実施する．さらに，コンテストで選ばれた人たちに起業の指導を行うとともに，起業する自治体でオフィスを提供するなど，起業準備の支援を行うものである．

ドチャベン誕生の核になったのが，2014年に秋田県五城目町に家族とともに移住したハバタクの丑田俊輔氏である．五城目町は秋田市から30kmほど北にある自然に囲まれた人口1万人ほどの小さな町だ．日本の原風景が残り，町の人たちには相互扶助の精神が根付いている．そこに共感した丑田氏は，廃校になった小学校の跡にできた地域活性化センターに事業所を構え，東京や海外への拠点の一つとして，五城目町で地域資源を活用したビジネス開発や教育プログラムの開発を行うことになった．生産量日本一のキイチゴの6次産業化や，古民家を再生して活用するシェアヴィレッジなどの新しい取り組みに挑戦するとともに，ビジネスコンテストや起業家育成を行っている．

ビジネスコンテストは五城目町の他に横手市，鹿角市，湯沢市でも行

---

[3] 三浦展『ファスト風土化する日本――郊外化とその病理』洋泉社，2004年．
[4] 秋田ベンチャー会議ホームページ．http://www.dochaben.jp/
[5] ドチャベン・アクセラレーター，フェイスブックページ．https://www.facebook.com/dochaben/

われており，秋田県に移住してベンチャーを起業する若い人たちも出てきた．東京でも秋田でも起業するための準備は同じであるが，田舎の良さは何といっても人と人のつながりが温かいところである．食べ物を分け合ったり，困ったことがあれば皆で手伝ったりする．なかなか利益の上がらないベンチャーにとって，このような人と人のつながりは最低限の生活を保障することになる．丑田氏のような移住してきたベンチャーの人たち同士のつながりはもちろん，よそ者として移住してきた人たちと地元の人たちとのつながりで，田舎発のベンチャーが支えられているといえる．

　もう一つの話題が徳島県美波町のサテライトオフィスだ[6]．美波町は太平洋を臨む徳島県の南東部に位置し，海亀が産卵する砂浜をはじめ，海食崖，海食洞，岩礁のあるリアス式海岸の風光明媚な人口約7,000人の小さな町である．この町にオフィスをつくったのが，サイファー・テックの代表取締役である吉田基晴氏だ．この会社はデジタルデータ保護を行うソフトウェアやソリューションを提供するIT企業であり，2003年に設立された．吉田氏がもともと徳島県出身ということもあり，2012年に美波Labと呼ぶサテライトオフィスを設立した．

　そのコンセプトが「半X半IT」である．ITで仕事をしながら農業をする半農半IT，仕事をしながらサーフィンをする半波半IT，他にも半釣半ITや半潜半ITといったように，仕事だけではなく，自分の趣味も両立させようという考えだ．

　サーフィンを趣味とするある社員は，美波に来る前，1時間半かけて埼玉から東京のオフィスに通い，週末は2時間かけてサーフィンをしていたそうだ．美波に来てからは，5時に起きて海でサーフィンし，家に帰ってから10時に出社し，19時まで働いて，そのあとは阿波踊りを練習したり，飲み会に行ったりするようになったという[7]．地元の阿波踊りやお祭りなどのイベントにボランティアとして参加したり，地域の人たちが子ども

---

[6] 美波Labホームページ．https://www.cyphertec.co.jp/minami/

の面倒をみてくれたりと，地域の人たちとの温かい交流が，仕事や生活に充実感をもたらしているそうだ．

IT企業の多くは，社員がパソコンの前でプログラムをつくったり，デバッグをしたり，ミーティングをしたりで，部屋にこもりきりになりがちな仕事になる．職住接近で働き方や暮らし方が変わり，自分の趣味に没頭でき，さらに地域の人とのつながりによって生き方までもが変わったという．

移住や起業によって，「人」の働き方が「変化」することで，地域の「人」との新たな「つながり」ができ，暮らし方や生き方が「変化」する．まさに「人」「つながり」「変化」が地方創生の鍵といえる．そのなかでも，丑田氏や吉田氏のような変化を仕掛ける人たちをはじめ，そこに共感して移住する人たち，その人たちとつながる地域の人たちなど，地方には魅力ある人たちがあふれている．

このような魅力ある地方の人たちをもっと増やすため，移住や起業を仕掛け，地方の人口減少に歯止めをかける国家戦略が地方創生だ．

地方創生と本書の狙い

日本の人口は2008年の1億2,808万人をピークに減少している．社人研によれば，2045年には1億人に近づき，2060年には総人口が8,674万人まで減少し，高齢化率は40％になると推計されている[8]（図1）．

また，地方と都市部との人口移動を調査すると，地方から都市部への大学進学は90年代に比べて2010年代は減少しているものの，卒業後もそのまま都市部で就職する人が増えている．このため，東京圏，愛知，大阪，福岡といった中枢の都市部では転入超過になり，その他の

---

(7) Fledge「働き方も生き方も，もっと自由で欲張りでいい．美波町で見つけた幸せな生き方」．https://fledge.jp/article/cyphertec-1
(8) 社人研「日本の将来推計人口（平成24年1月推計）」より引用．本書出版時点では，「日本の将来推計人口（平成29年推計）」が公表されている．

序章　地方の魅力は人だ

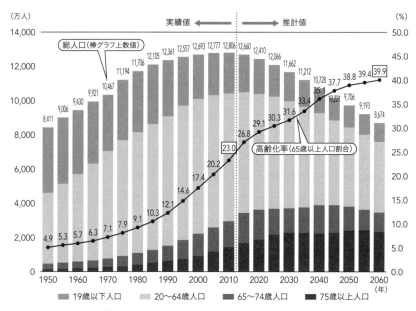

図1　日本の人口と高齢化の推移の推計
（内閣府　平成24年版高齢社会白書（全体版）「第1章　第1節　1（2）将来推計人口でみる50年後の日本」をもとに作成）

地方では転出超過の傾向になっている．ただ，近年では東京圏への転入超過が顕著になっており，東京への一極集中が進んでいる．

そこで登場したのが2014年から始まった政策「地方創生」である．

東京圏への人口集中を是正し，地方の人口減少をいかに食い止めるのか．これが地方創生の大きな目標だ．政府が策定した「まち・ひと・しごと総合戦略」にもとづき，すべての地方公共団体で地方版の総合戦略がつくられ，地方ごとにさまざまな施策が行われている．

総合戦略には四つの柱がある．最初の柱は地方にしごとをつくることである．しごとがあれば，地方の大学や高校を卒業して地元で就職する人が増え，地元で結婚して子どもを育てることも容易になる．また，東

京や関西の大学に進学した人たちが地方に帰って来たり，大都市に暮らす人が地方に移住してきたりすることも可能になる．地方にひとの流れをつくるのが二つ目の柱である．

　三つ目の柱は，地方に住んでいる人たち，地方に帰ってきた人たち，移住してきた人たちがしごとをしながら，結婚，出産，子育てなどが安心してできる環境を整えることだ．さらに，シャッター通り化しつつある地方の店舗を再生し，地方に生活する人たちの健康を維持し，高齢者の医療や介護を充実させることが四つ目の柱である．

　しごとをつくり，子育ての環境を整え，まちを活性化させて生活の基盤を充実させることで，中枢都市のみならず，地方に移住し子どもを出産する人が増える．これが地方創生のシンプルな考え方だ．

　総合戦略の基本的な指標として，将来の合計特殊出生率（1人の女性［15歳から49歳まで］が一生の間に産む子どもの平均数）を増やすことを目標として掲げている．具体的には2015年の合計特殊出生率は1.46であるが，総合戦略を実施することで合計特殊出生率を2030年に1.8程度まであげたいとしている．これが達成されれば2060年に8,674万人だった人口予測を1億人以上にとどめることができるという（図2）．

　地方版の総合戦略では，地方公共団体ごとに将来の合計特殊出生率の目標を掲げている．さらに，その人口目標を達成するための，しごとや移住や結婚などの四つの柱に関するさまざまな施策の5年後の目標として，誰にでも分かりやすい定量的な指標を定めている．この指標はKPI（Key Performance Indicator，重要業績評価指標）と呼ばれている．

　本書の狙いは，各地方公共団体で定めた同じ意味のKPIを比較することで，どの地方がどの施策を相対的に重視しているのかを分析することである．

　47都道府県で定めたKPIの数は約5,700個にのぼる．ただ，意味が同じKPIであっても，都道府県ごとに異なる名称のKPIを用いていることも多い．たとえば「入域観光客数」というKPIがあるが，都道府県に

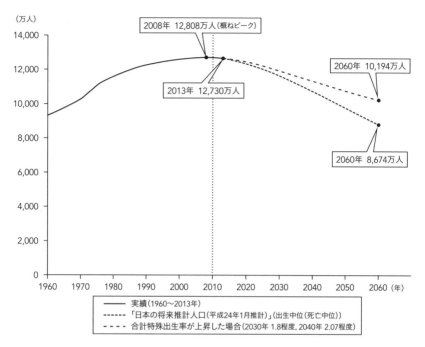

図2　合計特殊出生率の目標を変化させた場合の人口の推移
（内閣府「まち・ひと・しごと創生長期ビジョン　平成26年12月27日」をもとに作成）

よっては「観光入込客数」や「観光客数」などさまざまな名称を用いてKPIを設定している．そこで，このような都道府県のKPI名称を「入域観光客数」として名寄せを行うことにした．この名寄せをすべてのKPIに適用することでその数を約3,100個まで絞ることができる．さらに，各都道府県のKPIを比較することを目的としているため，なるべく多くの都道府県で共通に用いられているKPIを抽出した．本書では五つ以上の都道府県で共通に掲げられている約180個のKPIを比較分析の対象としている（詳しくは第1章を参照のこと）．

　KPIごとに都道府県がどれくらいの目標を掲げているのか，都道府県

ごとの比較を容易にするために，都道府県のランキングを求めることにした．あるKPIで他の地方公共団体よりも高い目標を掲げている地方公共団体であれば，そこには何か有効な施策があると考えられる．たとえば，社会増減数というKPIで高い目標，つまり社会増減増加数の多い地方であれば，そこに有効な移住施策があると考えられる．社会増減数に関連して，移住数やUIJターン（地方の出身地に戻るUターン，出身地とは別の地方に移住するIターン，出身地に近い地方都市に移住するJターンの総称）就職者数が高ければ，しごとの創出に具体的な施策があるとも想定される．

秋田県にはユニークな施策としてドチャベンがあったが，実際，秋田県が掲げるKPIとして，移住に関する相談件数の直近比率は1位，県内高校生の県内就職率の直近比率も1位になっている．また，徳島県については，5年間累計の人口当たりの本社機能立地件数は2位になっている．このように，あるKPIに高い目標を掲げる地方公共団体があれば，そこに何らかの有効な施策があるということだ．

各地方公共団体が策定する地方創生の戦略では，施策の有効性が最も気になるところだ．どのような人がきっかけをつくり，どのような人とつながり，どのような変化をもたらすのか，ということだ．

秋田県や徳島県の事例はミクロ的な視点から有効な施策を見つけるアプローチといえる．このような事例は雑誌[9]や書籍[10]～[15]などで数多く紹介されており，それぞれの事例はきわめて興味深い．しかし，これらの事例は横並びで比較することはできないし，地方という場所だけでなく背景や目的や人の条件が異なるため，比較することにあまり意味はない．これに対して，本書はマクロ的な視点から地方創生にとって有効な施策を見つけるアプローチといえる．

・・・・・・・・・・・・・・・・・・・・・・・・・・・・・・・・・・・

[9] 月刊誌『SOTOKOTO（ソトコト）』，木楽舎．
[10] 竹本昌史『地方創生まちづくり大事典』国書刊行会，2016年．

地方で起業したい，子育てのために移住したい，老後に暮らす場所を探したい，大学を出てUIJターンしたい人たちを本書の読者と考えている．もちろん，都道府県に限らず全国の市町村などでさまざまな施策を考えている地方公共団体の方々や，本社や事業所を移転しようと考えている企業の方々にとっても，各地方公共団体の詳細な施策を調べる前に，全国の取り組みをまずはマクロ的に捉えることも重要であろう．このような場合にも本書が有効に活用できる．

　本書は六つの章から構成されている．

　第1章では，地方創生の戦略とKPIの名寄せの方法を解説する．第2章では人口増，社会増減，雇用創出，出生率の主要KPIを解説し，多くの都道府県で共通に定められているしごと・雇用KPI，UIJターンKPI，結婚・子育てKPIについて解説する．

　筆者らは，しごと・雇用，UIJターン，結婚・子育てに関連するKPIで，目標を高く掲げている八つの県（秋田県，静岡県，福井県，三重県，徳島県，兵庫県，山口県，沖縄県）を訪問し，KPIに関連するさまざまな施策についてインタビューを実施した．このインタビューをもとに，第3章では企業立地や起業に関して，第4章では若者の定住やUIJターンについて，第5章では出会い支援や子育てについて，各県のユニークな施策を紹介し，終章では総括として地方創生と日本の未来について考える．

　第2章で主要なKPIの都道府県ランキングを解説し，八つの県のユ

---

(11) 椎川忍，小田切徳美，平井太郎，地域活性化センター『地域おこし協力隊――日本を元気にする60人の挑戦』学芸出版社，2015年．
(12) 増田寛也『地方創生ビジネスの教科書』文藝春秋，2015年．
(13) 飯盛義徳，『地域づくりのプラットフォーム――つながりをつくり，創発をうむ仕組みづくり』学芸出版社，2015年．
(14) 玉村雅敏，横田浩一，上木原弘修，池本修悟『ソーシャルインパクト――価値共創（CSV）が企業・ビジネス・働き方を変える』産学社，2014年．
(15) 玉村雅敏『地域を変えるミュージアム――未来を育む場のデザイン』英治出版，2013年．

ニークな施策を第3章から第5章で詳しく紹介する．これらの施策には，必ず地方の魅力ある人，その人たちのつながり，そしてつながりがもたらす変化が隠されている．ただ本書は，人，つながり，変化の詳細については触れていない．これらは常に変化しており，現代はインターネットで最新の情報を入手できるからである．本書はそこにたどり着くまでのリンクの提供，すなわち地方創生の検索エンジンの役割を果たしたいと考えている．地方を元気にしたい，地方で働きたい，地方に住みたい，そんな人たちの入り口として，本書を活用していただければ幸いである．

第 1 章

KPIで読み解く地方創生

1.1　人口の現状

　総務省発表の人口動態調査によると，日本の人口は，1990年代頃までは順調に増加し，そこから2008年まではほぼ横ばいに推移したが，2008年の1億2,808万人をピークに減少を始め，その減少は7年間続いている．特に2016年は，前年から27万1834人減少したが，これは調査を始めた1968年以降で最大の減少数であり，この傾向は今後も続いていくものと推定される．

　このように日本全体の人口は減少しているが，その状況は地域によって異なる．そこで，地域別の人口増減の現状について，出生数と死亡数の差である自然増減と，転入者数と転出者数の差である社会増減の二つの視点から見てみよう．

　まずは，自然増減の視点から見る．日本の出生数は，1970年代前半から減少に転じ，そこから現在まで，ほぼ一貫して減少している．一方，死亡数は1980年代後半までは横ばいだったものの，そこから増加し続けており，2005年には死亡数が出生数を上回り，自然減の状態となっている．合計特殊出生率[1]も，1970年代前半から人口置換水準[2]である2.07を下回り低下していたが，自然減となった2005年から，少しずつではあるが回復している．ただ，2015年で1.46と依然として人口置換水準を大きく下回っている状況だ[3]．

　これを都道府県単位でみると，2014年の合計特殊出生率を比較した図1－1の通り，合計特殊出生率が人口置換水準を超えている都道府県はなく，一番高い沖縄県であっても1.86となっている．また，東京圏や大阪圏を構成する都府県においては，全国平均を大きく下回っている

----

[1] 15歳～49歳までの女性の年齢別出生率を合計したもの．
[2] 人口が長期的に，増えも減りもせずに一定となる出生の水準．
[3] 中小企業庁「中小企業・小規模事業者が直面する経済・社会構造の変化」，厚生労働省「平成27年人口動態統計月報年計（概数）の概況」を参照．

第1章　KPIで読み解く地方創生

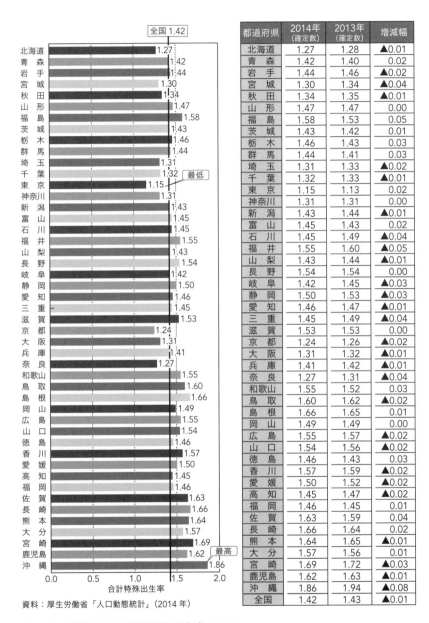

図1-1　都道府県別合計特殊出生率(2014年)
(内閣府「平成28年版 少子化社会対策白書」をもとに作成)

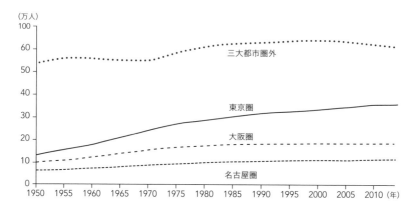

図1-2 三大都市圏及びそれ以外の地域の人口推移（1950年～2014年）
（北島顕正（2015）．東京圏への人口一極集中と人口減少対策 をもとに作成）

ことが分かる．特に，東京都は1.15と全国で最も低く，同じく東京圏を構成する埼玉県（1.31），千葉県（1.32），神奈川県（1.31）も，軒並み全国平均以下の低い水準である．

続いて，社会増減の視点である（図1-2）．日本全国では人口が減少しているなかでも，東京圏（東京都，埼玉県，千葉県，神奈川県），大阪圏（京都府，大阪府，兵庫県，奈良県），名古屋圏（愛知県，岐阜県，三重県）の三大都市圏では人口増加の傾向にある．そのなかでも，東京圏は右肩上がりに人口が増加しており，他の都市圏との差が開いている状況だ．東京圏を構成する4都県のなかでも，特に，東京都の転入超過数は全国的にも突出しており，2015年の転入超過数は8万人を超えている[4]．これは，東京都に次ぐ転入超過である神奈川県や埼玉県の5倍以上の数値である．

一方，三大都市圏外の人口推移では，1970年頃から増加していたものの，2000年前後から徐々に減少している．2015年時点では，宮城県と福岡県以外はすべて転出超過，つまり社会減になっており，三大

──────────────────────
(4) 総務省統計局「住民基本台帳人口移動報告 平成27年結果」を参照．

都市圏（特に東京圏）への人口集中が進んでいることが分かる．

　以上のことから，日本の人口の現状として，全国的に合計特殊出生率が低く自然減の状態で，日本全体の人口は減少しているが，三大都市圏は社会増によって人口増加または横ばいである一方，地方から都市圏への人口流出により地方は自然減もあいまって人口減少に拍車がかかっている．そして，東京が顕著であるが，三大都市圏への人口集中が進んでいる．

　次節では，このままのペースで自然減や三大都市圏への人口の集中が続いた場合の将来的な人口推計を紹介する．

1.2 人口の将来展望

　社人研（国立社会保障・人口問題研究所）は，これまでの人口の実績値や傾向にもとづいて日本の将来推計人口を公表している．2012年時点の推計では，2010年の国勢調査結果による1億2,806万人から，2030年に1億1,662万人となり，2048年には1億人を割って9,913万人，さらに2060年には8,674万人になるとしている．全国的に人口減少の傾向が続き，50年間で実に人口の30％が減少するという推計だ．それでは，都道府県単位での傾向はどうだろう．

　社人研では，日本全体の推計の他にも，地方公共団体ごとの将来推計人口である「日本の地域別将来推計人口」を公表している．2013年の公表では，2010年の国勢調査結果をもとに，2010年〜2040年までの30年間（5年ごと）についての推計している．これによると，2010年から2015年にかけては41道府県，2015年から2020年にかけては沖縄県を除く46都道府県で総人口が減少するとされている．さらに，2020年から2025年にかけては沖縄県の総人口も減少に転じ，すべての都道府県で総人口が減少すると想定されている．この傾向のまま人口減少が進行すると，2040年の人口は，すべての都道府県で2010年時点の数を下回ってしまう状況だ．

　また，「日本の地域別将来推計人口」では，地域ブロック別の総人口割合を推計している．これによると，今後，すべての都道府県において人口は減少するが，南関東（東京都，埼玉県，千葉県，神奈川県）への人口集中はこれからも継続していくと見られている．図1−3の通り，2015年時点で南関東には人口の約28％が集中しているが，2015年以降も約30％の割合を保ったまま緩やかに上昇するとみられており，それ以外の地域の割合は横ばいないしは減少となっている．南関東を構成する4都県は，前述の通り合計特殊出生率が低いため，ここに人口が集中すると，日本全体の人口減少を加速させてしまうと考えられる．そ

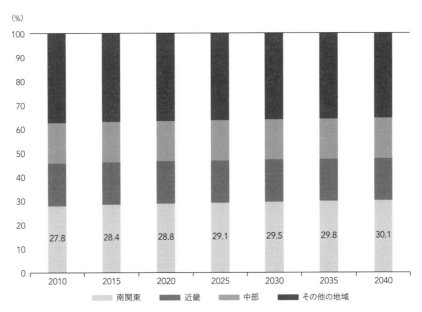

南関東：埼玉県，千葉県，東京都，神奈川県
中部：新潟県，富山県，石川県，福井県，山梨県，長野県，岐阜県，静岡県，愛知県
近畿：三重県，滋賀県，京都府，大阪府，兵庫県，奈良県，和歌山県

図1-3　全国の総人口に占める各地域ブロックの総人口の割合
(国立社会保障・人口問題研究所「日本の地域別将来推計人口」をもとに作成)

の場合，どのような弊害が考えられるだろうか．

　人口が減少すると，消費が減少し，それに伴い雇用も減少することで経済規模が縮小，結果として1人当たりの国民所得が低下するという弊害が考えられる．また，社会保障費の増大などにより働き手1人当たりの負担が増加し，勤労意欲を失わせ，イノベーションを停滞させることも考えられる．

　このような弊害を回避するべく，国は東京圏への人口集中を是正すること，若い世代の就労・結婚・子育ての希望を実現することなどの視点から，地方創生の取り組みを開始した．次節では，国ならびに地方公共団体による地方創生の取り組みについて紹介する．

1.3 地方公共団体がKPIを設定した背景

　2014年12月27日に，日本の人口の現状と将来の姿を示し，今後目指すべき将来の方向を提示する「まち・ひと・しごと創生長期ビジョン（長期ビジョン）」と，これを実現するための，今後5か年の目標や取り組み・基本的な方向を提示する「まち・ひと・しごと創生総合戦略（総合戦略）」（以下，国の総合戦略という）が取りまとめられ，閣議決定された．

　国の総合戦略は，「人口問題の克服（2060年に1億人程度の人口を確保）」と「成長力の確保（2050年代に実質GDP成長率1.5～2％程度維持）」という長期ビジョン達成のために，四つの政策分野について基本目標を設定し，それを実現するための具体的な取り組みを定めている．基本的には，東京圏を中心に人口の集中が進み，地方の人口が減少している現状を是正すべく，地方の人口を増やす（人の移動を促す）ことを目的とした基本目標となっている．

【四つの政策分野】
1 地方における安定した雇用を創出する
2 地方への新しいひとの流れをつくる
3 若い世代の結婚・出産・子育ての希望を叶える
4 時代に合った地域をつくり，安心な暮らしを守るとともに，地域と地域を連携する

　国の総合戦略は，そのなかでPDCAメカニズムのもと，具体的な数値目標を設定し，効果検証と改善を実施することがうたわれている．PDCAとは，プロジェクトの実行に際し，「計画を立て（Plan），実行し（Do），その評価（Check）にもとづいて改善（Action）を行うという工程を継続的に繰り返す」仕組みである．計画実行の途中段階で効果を検証し，取り組みの内容を改善することが求められるが，その効果と改

善の数値目標の指標がKPIである．KPI（Key Performance Indicator）とは重要業績評価指標のことで，プロジェクトで期待する目標や効果に対し，その達成度合いを定量的に測定するために企業経営などで活用されている．

　日本全体の人口減少，そして東京圏への人口集中や地方の人口減少という問題は，国の取り組みだけで改善できるものではなく，各地方公共団体の努力と協力が必要となる．そこで，国の総合戦略の閣議決定と同時に，各都道府県知事宛てに「都道府県まち・ひと・しごと創生総合戦略および市町村まち・ひと・しごと創生総合戦略の策定について（通知）」が発出された．その内容は，「2015年度中に地方人口ビジョンと地方版総合戦略の策定に努めること」であり，地方公共団体はこの通知にもとづいて地方版総合戦略を策定している．

表1−1 国の総合戦略の全体像
(内閣府「まち・ひと・しごと創生「長期ビジョン」と「総合戦略」の全体像など」(平成26年12月27日時点)をもとに作成)

総合戦略(2015〜2019年度の5か年)

主な施策	主な重要業績評価指標(KPI)[※1]
①地域産業の競争力強化(業種横断的取組) 　包括的創業支援,中核企業支援,地域イノベーション推進, 　対内直投促進,金融支援 ②地域産業の競争力強化(分野別取組) 　サービス産業の付加価値向上,農林水産業の成長産業化,観光, 　ローカル版クールジャパン,ふるさと名物,文化・芸術・スポーツ ③地方への人材還流,地方での人材育成,雇用対策 　「地域しごと支援センター」の整備・稼働 　「プロフェッショナル人材センター」の稼働	農林水産業の成長産業化 6次産業市場10兆円: 就業者数5万人創出 訪日外国人旅行消費額3兆円へ (2013年1.4兆円): 雇用者数8万人創出 地域の中核企業,中核企業候補 1,000社支援: 雇用者数8万人創出
①地方移住の推進 　「全国移住促進センター」の開設,移住情報一元提供システム整備 　「地方居住推進国民会議」(地方居住(二地域居住を含む))推進 　「日本版CCRC[※2]」の検討,普及 ②地方拠点強化,地方採用・就労拡大 　企業の地方拠点強化等 　政府関係機関の地方移転 　遠隔勤務(サテライトオフィス,テレワーク)の促進 ③地方大学等創生5か年戦略	地方移住の推進: 年間移住あっせん件数 11,000件 企業の地方拠点強化: 拠点強化件数7,500件, 雇用者数4万人増 地方大学等活性化: 自県大学進学者割合 平均36%(2013年度32.9%)
①若者雇用対策の推進,正社員実現加速 ②結婚・出産・子育て支援 　「子育て世代包括支援センター」の整備 　子ども・子育て支援の充実 　多子世帯支援,三世代同居・近居支援 ③仕事と生活の調和(ワーク・ライフ・バランス)の実現 (「働き方改革」) 　育児休業の取得促進,長時間労働の抑制,企業の取組の支援等	若い世代の経済的安定: 若者就業率78% (2013年75.4%) 妊娠・出産・子育ての切れ目の ない支援:支援ニーズの高い 妊産婦への支援実施100% ワーク・ライフ・バランス実現: 男性の育児休業取得率13% (2013年2.03%)
①「小さな拠点」(多世代交流・多機能型)の形成支援 ②地方都市における経済・生活圏の形成(地域連携) 　都市のコンパクト化と周辺等のネットワーク形成 　「連携中枢都市圏」の形成 　定住自立圏の形成促進 ③大都市圏における安心な暮らしの確保 ④既存ストックのマネジメント強化	「小さな拠点」の形成: 「小さな拠点」形成数 定住自立圏の形成促進: 協定締結等圏域数140圏域 (2014年4月時点79圏域) 既存ストックのマネジメント強化: 中古・リフォーム市場規模 20兆円(2010年10兆円)

※1 Key Performance Indicatorの略.政策ごとの達成すべき成果目標として,日本再興戦略(2013年6月)でも設定されている.

第1章　KPIで読み解く地方創生

基本目標(成果指標,2020年)	中長期展望(2060年を視野)　長期ビジョン

「しごと」と「ひと」の好循環作り

地方における安定した雇用を創出する
- ◆若者雇用創出数(地方)　2020年までの5年間で30万人
- ◆若い世代の正規雇用労働者等の割合　2020年までに全ての世代と同水準
  (15～34歳の割合:92.2%(2013年))
  (全ての世代の割合:93.4%(2013年))
- ◆女性の就業率　2020年までに73%(2013年69.5%)

地方への新しいひとの流れをつくる
現状:東京圏年間10万人入超
- ◆地方・東京圏の転出入均衡(2020年)
  地方→東京圏転入　6万人減
  東京圏→地方転出　4万人増

若い世代の結婚・出産・子育ての希望をかなえる
- ◆安心して結婚・妊娠・出産・子育てできる社会を達成していると考える人の割合40%以上(2013年度19.4%)
- ◆第1子出産前後の女性継続就業率55%(2010年38%)
- ◆結婚希望実績指標 80%(2010年68%)
- ◆夫婦子ども数予定(2.12)実績指標95%(2010年93%)

好循環を支える,まちの活性化

時代に合った地域をつくり,安心なくらしを守るとともに,地域と地域を連携する
- ◆地域連携数など
- ※目標数値は地方版総合戦略を踏まえ設定

Ⅰ. 人口減少問題の克服

<u>2060年に1億人程度の人口を確保</u>
- ◆人口減少の歯止め
  国民の希望が実現した場合の出生率(国民希望出生率)=1.8
- ◆「東京一極集中」の是正

Ⅱ. 成長力の確保

<u>2050年代に実質GDP成長率1.5～2%程度維持</u>
(人口安定化,生産性向上が実現した場合)

※2 米国では高齢者が移り住み,健康時から介護・医療が必要となる時期まで継続的なケアや生活支援サービスなどを受けながら生涯学習や社会活動等に参加するような共同体(Continuing CareRetirement Community)が約2,000カ所ある.

1.4　KPIで読み解くことによる利点

　地方版総合戦略は，地域ごとの特性や課題を踏まえて策定されているため，目標達成のための取り組みやKPIは，基本的に全国一律の内容ではなく，地域ごとに異なっている．

　一方で，「都道府県まち・ひと・しごと創生総合戦略及び市町村まち・ひと・しごと創生総合戦略の策定について（通知）」では，「国の総合戦略が定める政策分野を勘案して，地方版総合戦略における政策分野を定めるとともに，政策分野ごとの5年後の基本目標を設定する」とされている．そのため，各地方公共団体の設定している政策分野やKPIは，共通している部分も存在する．すべての地方公共団体が同じというわけではないが，たとえば，図1－4に示した部分を共通して設定していることが多い．

　このような共通部分については，同様のKPIを掲げる地方公共団体が，それぞれどの程度の目標値を掲げているか，目標達成のためにどのような取り組みを行っているかなど，KPIを比較分析することで，次のような利点が考えられる．

- 地方創生に取り組む地方公共団体にとっては，他の地方公共団体のKPIと比較することで，全国の地方公共団体のなかで相対的な目標の位置づけをマクロ的に把握し，他の地方公共団体の特長的な取り組みの調査を効果的に実施することができる．これらの調査は自らの取り組みのブラッシュアップに，あるいは他の地方公共団体との連携につながることが想定される．
- 地方で起業したい人，子育てのために移住したい人，老後を暮らす場所を探したい人，都会の大学を出てUIJターンしたい人にとっては，仕事や生活に関するKPIをもとに自らの意思決定に活用することができる．

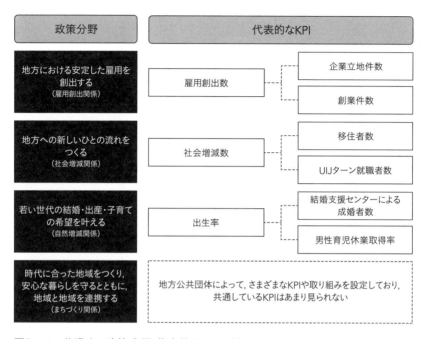

図1-4 共通する政策分野,代表的なKPIの例

- 本社や事業所や工場を新設,移転したい企業にとっては,KPIの相対的な目標を参考にして,地方公共団体からの支援,インフラの整備,働く人の生活などを考えながら候補地を選択することができる.

上記のような利点がある一方,KPIでは把握しきれない部分も存在する.たとえば,現状値が高い都道府県は,そもそもKPIとして設定しないケースが考えられ,厳密に数値の高い都道府県は把握しきれない.また,都道府県ごとに総合戦略をみて,各都道府県がどの政策に特に注力しているかといった視点は,KPIの比較分析では把握することが困難である.しかし,現時点で公表されているKPIや目標値を用いてマクロ的な視点から,日本全体を把握することは意義があると考え,本書では各地方公共団体が共通して設定しているKPIについて,その目標値や

目標達成に向けた取り組みを比較分析した結果を紹介していく．なお，本書において，比較分析を行ううえで参考にした地方版総合戦略は，2015年10月時点に公表されたものが中心である（詳細は，本書末の「総合戦略の出典」を参照）．また，当初設定した目標値の高いKPIに関する分析結果を主に述べるが，2019年以降になれば，設定したKPIの結果が実績として明らかになるため，目標と実績の比較に本書が活用できると期待している．

1.5　KPIの分析方法

　地方版総合戦略を策定したのは，市区町村を含む全国の地方公共団体である．本書では，ある程度まとまった単位で日本全国の総合戦略の状況を，マクロ的に把握することを狙いとしているため，地方版総合戦略の分析対象を47都道府県とした．分析方法としては，すべての都道府県の地方版総合戦略のなかで掲げられているKPIを抽出したのち，名寄せを行い，共通したKPIを掲げる都道府県を比較分析することとした．

　まず，すべての都道府県のKPIを抽出したところ，約5,700個存在することが分かった．そのなかには言い回しは異なるが，同義のものも存在するため，それらを名寄せすることとした．たとえば，「入域観光客数」というKPIがあるが，都道府県によっては「観光入込客数」や「観光客数」などさまざまな名称を用いてKPIを設定している．そのため，このような都道府県のKPI名称を「入域観光客数」として名寄せを行った．この作業の結果，約5,700あったKPIを約3,100個にまで集約することができた．しかし，この約3,100個のKPIのなかには，他の都道府県が設定していないユニークな指標も含まれる．たとえば，子育て関係のKPIで「道徳の授業を全学級で家庭・地域に公開している学校の割合」というものがあるが，これは兵庫県しか設定していない．このように，一つの都道府県または少数の都道府県しか設定をしていないKPIについては比較分析の対象から除外し，ある程度の都道府県が共通して設定しているKPIを対象とした．そこで，本書では，名寄せを行ったKPIのうち，5都道府県以上で共通して掲げられているKPI約180個を比較分析の対象として抽出した．

　しかし，まだこのままの状態では比較分析することはできない．各都道府県のKPIは名称だけでなく，さまざまな期間・単位で定義されているからである．そこで，名称の名寄せのあとは，異なる期間や単位で設

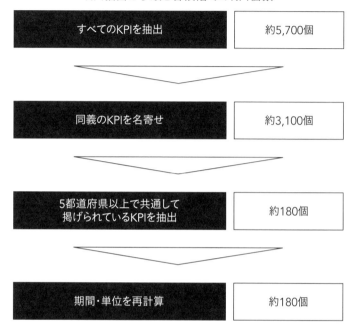

図1-5 KPI抽出の手順と各段階でのKPI個数

定されているものについて，期間・単位の値を再計算し，比較分析が可能な形に整理した．たとえば，期間については，1年間の目標を5年間累計値で比較分析する場合，1年間の目標値を5倍にしたり，単位については，「万人」や「人」などの異なる単位を「人」に合わせたりする作業を行った．なお，必ずしも年間目標値を単純に5倍した数字が，5年間の目標値と合致する（もしくは，5年間の目標値を5分割した数値が1年間の目標値に合致する）とは限らないが，本書では現時点で公表されている情報をもとに比較分析を実施するため，便宜上このような計算を行っている．また，直近値も（基本的には2015年時点が多いものの）都道府県ごとに年度が異なるケースが見られるが，比較分析の便宜上，直近値は各都道府県の設定した年度の数値を使用している．

最終的に抽出した約180個のKPIの一覧は表1－2の通りである．これらのなかで，全都道府県の4分の1に当たる12都道府県以上が共通して掲げているKPIを中心に，四つの政策分野にとって重要なKPIの詳細な比較分析を実施した．

　比較分析を行う際，まず注目するのは目標値の高いKPIを掲げている都道府県であり，そういった都道府県では，特長的な取り組みを行っている可能性が高いと考えられる．また，KPIの目標値を比較するにあたって，比較方法を工夫している．たとえば，人口目標というKPIがあるが，これはもともとの都道府県の人口の多寡に左右されてしまう．そこで，人口に対する目標値の割合（場合によっては労働力人口に対する目標値の割合など）を用いることで，人口規模による差を考慮した比較分析も実施している．その他，目標値自体は高くなくとも，現状値に対する目標値の割合（直近比）が高い都道府県は，現状を打破するべく特長的な取り組みを行っている可能性が高いと考えられる．このように，本書では，単純に目標値の大きさのみで比較分析するだけではなく，人口に対する割合や直近比なども用いることで，多角的に比較分析した結果を紹介している．

　第2章では，実際に比較分析を行ったKPIのうち，主なものについて紹介する．

表1-2① 5都道府県以上で共通して設定しているKPI一覧

政策分野	大項目	中項目	No	KPI名称
各都道府県の人口ビジョンにて設定されている内容			1	人口予測
			2	人口目標
			3	総合戦略による人口増効果
地方における安定した雇用を創出する（雇用創出関係）	主要なKPI		4	雇用創出数
	雇用創出	第1次産業	5	第一次産業における新規就業者数
			6	新規就農者数
			7	漁業への新規就業者数
			8	林業への新規就業者数
		企業立地による雇用創出	9	企業立地による雇用者数
		所得	10	県民所得（県民一人当たり）
	産業振興	第1次産業	11	農業法人数・経営体数
			12	集落営農組織化集落数・法人数
			13	特産和牛の飼育頭数・出荷頭数
			14	海面漁業生産量・海面養殖生産量
			15	木材（素材）生産量（万㎥）
			16	木材（素材）素材生産量（千㎥）
			17	農業産出額（全体）
			18	漁業生産額
			19	林業産出額
			20	担い手への農地利用集積率
			21	6次産業化に取り組む事業体数
			22	6次産業化事業計画認定件数
			23	6次化事業体販売金額
			24	6次化産業の取り組みによる新商品数
			25	有害鳥獣による農作物被害金額
		第2次産業	26	製造品出荷額
			27	食料品の製造品出荷額など
		第3次産業	28	観光消費額
			29	入域観光客数（外国人含む）
			30	外国人観光客数
			31	コンベンション・MICE開催件数
			32	延べ宿泊者数
			33	外国人延べ宿泊者数
			34	観光PRホームページの閲覧数
			35	水素ステーション整備箇所数
			36	来訪者満足度

表1-2②

政策分野	大項目	中項目	No	KPI名称
		海外展開	37	全体の輸出額
			38	農林水産物輸出額
			39	農産物の輸出額（億円）
			40	輸出を行う県内事業者数
			41	企業の海外展開の取組件数
		企業誘致・移転	42	企業立地件数
			43	海外企業立地件数
			44	本社機能立地件数
			45	政府関係機関の誘致提案件数
		連携	46	産学官連携研究・取組件数
			47	産学官連携事業数
		地方公共団体による企業支援	48	経営革新計画承認件数
			49	事業引継ぎ・継続支援センター相談件数
			50	都道府県による県内中小企業に対する支援件数
			51	開業率
			52	県の支援による創業件数・創業者数
			53	創業支援件数
			54	成長期待分野（自動車,航空機,ロボット,医療など）における支援企業数
			55	県・事業者などの支援による商品開発数
			56	県・事業者などの支援による事業・新分野への参入創出数
		人材	57	全国学力・学習状況調査正答率の全国平均との差（小学校）
			58	全国学力・学習状況調査正答率の全国平均との差（中学校）
			59	英検準2級から2級程度以上の高校生の合格者数
			60	公開講座の受講者数
			61	中学生の職場体験実施率
			62	高等学校のインターンシップ実施校率・実施校数
			63	高等学校生徒のインターンシップ参加率
			64	大学生向けインターンシップ参加数
			65	観光講座受講者数
			66	技能検定合格者数

表1-2③

政策分野	大項目	中項目	No	KPI名称
地方への新しいひとの流れをつくる（社会増減関係）	主要なKPI		67	留学生の受入れ数
			68	海外高校への留学者数
			69	社会増減数
	移住支援	移住者数	70	移住者数
			71	県支援などによる移住者数
		空き家活用	72	空き家を活用して移住した世帯数
		短期滞在	73	県内で展開される短期滞在プログラムの実施団体数，市町村数
			74	短期滞在経験人数・世帯数
		移住相談・体験	75	移住に関する相談・情報提供件数
			76	移住交流ポータルサイトのアクセス件数
	県内就職支援	共通	77	就業率
		高校生	78	県内高校生の県内就職率・人数
			79	新規高卒者の就職内定率
		専門学校生	80	職業能力開発施設卒業生の県内就職率
		大学生	81	県内大学卒業生の県内就職率
		若者	82	ジョブカフェなど，若者の就職支援事業による就職者数
		高齢者	83	高年齢者就業率
			84	地方公共団体の支援による就職者（高齢者）
		障害者	85	障害者雇用率・障害者数
			86	障害者雇用率達成企業割合
			87	障害者就業者数
			88	特別支援学校卒業生の就職率
			89	就労自立に向けた支援者数
		UIJターン	90	UIJターン就職者数
			91	県の支援によるUIJターン就職者数
			92	県外大学生のUターン就職率
			93	U・Iターン支援・相談件数・人数
若い世代の結婚・子育ての希望をかなえる（自然増減関係）	主要なKPI		94	出生率
	結婚・妊娠・出産	婚姻率・結婚希望	95	婚姻率（20～44歳）・婚姻数
			96	平均初婚年齢（男性）
			97	平均初婚年齢（女性）
		結婚支援	98	結婚支援センターへの成婚報告者数
			99	マリッジサポーター数
			100	出会いサポートセンターの登録会員数
		出産支援	101	出生数に占める第3子以降の割合

表1-2④

政策分野	大項目	中項目	No	KPI名称
		子育て支援	102	安心して妊娠・出産ができる環境にあると感じる県民の割合
			103	理想の子どもの数が持てない理由として育児の経済的負担などを挙げた者の割合
			104	不妊専門相談センター数（箇所）・相談件数・利用者数
			105	周産期死亡率
			106	地域に対する子育て環境の満足度
			107	子育て世代包括支援センター設置数
			108	母子保健コーディネーターを配置する市町村数
			109	子育て家庭優待パスポート協賛店舗数
			110	認定こども園数
			111	保育所入所待機児童数
			112	延長保育実施箇所数
			113	地域子育て支援拠点
			114	病児・病後児保育提供施設の設置箇所数
			115	里親など委託率
			116	学童・放課後児童クラブ数
			117	学童クラブ（放課後児童クラブ）の実施率
			118	学童クラブ（放課後児童クラブ）の登録児童数
			119	放課後児童クラブ（放課後児童クラブ）待機児童数
	若い世代の経済的安定	就業率	120	若者の就業率
	ワークライフバランス	企業による支援	121	ワークライフバランス認証企業数
			122	「子育て応援宣言企業」実践・優秀企業数
		休暇・休業	123	育児休業取得率（男性）
			124	育児休業取得率（女性）
	女性活躍支援	女性就業率	125	女性の就業率
			126	自治体の支援による女性の就職決定者数
		企業による支援	127	女性活躍宣言企業数
			128	一般事業主行動計画を策定した中小企業数

表1−2⑤

政策分野	大項目	中項目	No	KPI名称
時代に合った地域をつくり,安心な暮らしを守るとともに,地域と地域を連携する（まちづくり関連）	住民満足度	女性管理職	129	民間企業の管理的地位に占める女性の割合
		―	130	「住んでいる地域が住みやすい」と思っている人の割合
	まちの活性化	地域拠点・住民コミュニティ	131	小さな拠点形成数
			132	住民主体による地域づくりに係る活動を実施している市町村数・地域数
			133	住民主体による地域づくりに係る団体数
			134	地域おこしに関する参加団体数
			135	地域づくりに関する活動数・事例数
		地域活動・ボランティア	136	ボランティア活動に参加したことのある人の割合
		地方公共団体間・企業間連携	137	連携中枢都市圏・定住自立圏の形成数・取組数
			138	地方公共団体間の連携が実現した取組数
			139	県境を越えた広域連携に係るプロジェクト数
	医療・健康・安全	医療	140	人口10万人あたりの医療施設従事医師数
			141	医師数
			142	地域包括ケア体制整備に取り組む日常生活圏域数
			143	在宅療養支援を行う診療所数
			144	認知症サポーター数
			145	認知症サポーター養成数
			146	特定健診受診率
			147	がん検診受診率（胃）
			148	がん検診受診率（肺）
			149	がん検診受診率（大腸）
			150	がん検診受診率（子宮）
			151	がん検診受診率（乳がん）
		介護	152	要介護高齢者の割合
			153	介護職員数
			154	特別養護老人ホーム定員数
		健康	155	健康寿命（男性）
			156	健康寿命（女性）
			157	がんの75歳未満年齢調整死亡率（人口10万人 対）
		防災	158	自主防災組織の組織率

表1-2⑥

政策分野	大項目	中項目	No	KPI名称
		防災インフラ	159	自主防災組織活動カバー率
			160	消防団員数
			161	緊急輸送道路上の橋梁耐震化率
			162	住宅の耐震化率
		防犯	163	刑法犯認知件数
			164	交通事故死亡者数
	文化・スポーツ	スポーツ	165	地域スポーツクラブの会員数・割合・クラブ数
			166	スポーツ，文化，芸術，レクリエーション活動への延べ参画者数
			167	トップアスリートの合宿と大規模スポーツ大会実施の件数
			168	キャンプ地誘致数
		伝統・文化	169	県美術館の年間利用者数
			170	文化施設の年間入館者数
			171	文化事業の来場者数
	公共インフラ	公共交通網	172	修繕・更新完了施設数（橋梁）
			173	クルーズ船の寄港数
			174	港湾取扱貨物量
			175	空港乗降客数
			176	地域公共交通網形成計画を策定する市町村
		情報通信網	177	Wi-Fiアンテナの設置数（観光案内サイン周辺）
		公園・都市景観	178	県営都市公園の利用者数
		コンパクトシティ	179	コンパクトシティ実現に向けた計画策定市町村数

第 2 章

KPIの分析結果

2.1 主要なKPI

人口予測や雇用創出数や社会増減数などの人口に関する主要なKPIを紹介する．

（1）人口予測

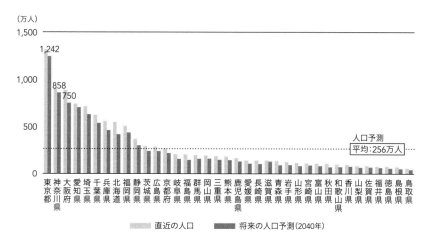

図2-1　人口予測(2040年)

地方人口ビジョンや地方版総合戦略において，ほとんどの都道府県が，社人研の推計した人口予測を引用している．都道府県によって引用している年が異なるが，本書では，そのなかでも比較的多くの都道府県が共通して引用している2040年の人口予測の状況をまとめた（図2-1）．日本全体として人口減少傾向にあるため，どの都道府県も直近の人口に比べて，将来の人口予測は減少していることが分かる．人口予測を見てみると，東京都や大阪府といった大都市をはじめ，神奈川県や愛知県などの政令指定都市を有する都道府県が上位を占めている状況は変わらず，2040年も引き続き都市部へ人口が集中する傾向が予測

されている.

　1位の東京都は，2020年まで人口が増加すると見られている．しかし，東京都の人口増加は社会増（転入）が中心であり，合計特殊出生率については全国で最も低く，自然減数が他の府県に比べて多い．そのため，自然増のために子どもの医療費の無料化や，認可・認定保育所，認定こども園などの設置および定員の拡大推進などに取り組んでいる．たとえば，東京23区では中学生まで医療費が無料，さらに千代田区は高校生まで医療費を無料にするなど，他府県に比べて子どもの医療費無料化が進んでおり，合計特殊出生率や出生数を向上させ，自然増数を増加させることに力を入れている．

　2位の神奈川県の地方版総合戦略では，2018年までは人口が増加するものと見られているが，2014年には死亡者数が出生者数を上回り自然減となっている．このことから2018年までの人口増は社会増によるものであることが読みとれる．しかし，地域単位で捉えると，川崎・横浜地域のように，当面，人口増加が見込まれる地域と，県西地域や三浦半島地域のように既に人口減少が始まっている地域が混在している．そのためこれらの地域では人口増に向けた地域活性化に取り組んでいる．たとえば，2015年度から「三浦半島魅力最大化プロジェクト」を推進し，地域内における回遊性の低さや，滞在時間の短い日帰り観光が主流である，などの課題を解消するためのPR活動などに力を入れている．

　3位の大阪府は，既に2010年をピークに人口減少に転じており，20代～30代を中心に，東京圏へ毎年数千から1万人規模の転出が見られる．そこで，東京圏から大阪府への「人口対流」の実現に向けて，生活や産業分野を中心に東京圏との比較を行い，大阪府の強みやアピールポイントを打ち出した取り組みを展開している．たとえば，「住宅の1人当たり延べ面積」「平均消費者物価」「平均混雑率」「通勤時間」などを東京圏と比較すると，どれも大阪府の方が良い水準となっており，これらの指標を積極的にアピールしている．

（2）人口目標

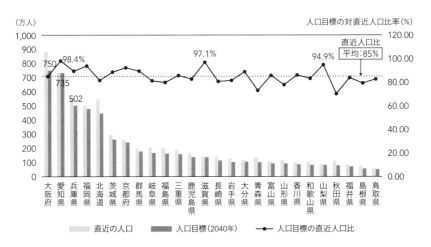

図2−2　人口目標（2040年）

　社人研の推計する人口予測に対して，多くの都道府県では地方版総合戦略の遂行による人口目標を設定している（図2−2）．社人研の人口予測は，現状のペースで人口が推移するとした予測であり，この人口減少幅を少しでも少なくするために，各都道府県は地方版総合戦略を策定し，さまざまな取り組みを実施している．2040年の人口目標を比較すると，上位に位置する都道府県は，人口予測の比較と同様の傾向が見られる．大阪府や愛知県などの政令指定都市を有する道府県は，直近の人口も多いこともあって人口目標も高い．逆に下位に位置する県は，東京や大阪などの都市圏から地理的にも離れている．なお，（1）人口予測（2040年）で上位であった東京都や神奈川県は2040年の人口目標を設定しておらず，別の年の目標を掲げているため，図には記載していない．

　2040年の人口目標の比較では，特に北海道まで上位5道府県と，そ

れ以下の府県で大きく目標値が乖離していることが分かるが，これはもともとの人口（直近人口）の多さが大きく影響している．しかし，人口目標の直近人口比を見てみると，必ずしも目標値が上位の都道府県であっても直近人口比が高くなっているわけではない．たとえば，大阪府は目標値1位であるが，直近人口比は85％と低い．愛知県は目標値も直近人口比も高いが，滋賀県や山梨県をみると，目標値は高くないものの直近人口比は95％前後と高い割合を示している．そこで，人口目標の直近人口比で上位に位置する都道府県に注目してみよう．

　直近人口比で1位の愛知県は，自然増・社会増の両方を維持しながら，人口増加を続けている珍しい県である．老年人口（65歳以上人口）は増加が続いているものの，その割合は全国平均に比べて低く，県全体でみると若い人口構造になっている．しかし，愛知県は自動車産業をはじめとした製造業が集積していることもあり，男性の割合が多く，未婚率の上昇が問題となっている．そこで，自動車産業以外にも航空宇宙産業やロボット産業などの集積を進め，日本の「産業首都」としての役割を果たすとともに，女性の理系分野への進出支援や，コンテンツやデザインといった都市型産業の育成・振興を進めている．具体的な取り組みとしては，女子中高生対象の理系進路選択の支援シンポジウムや愛知デジタルコンテンツコンテストの開催などが挙げられる．女性人口の増加に力を入れ，未婚率を低下させるなど自然増数の向上に向けた取り組みを展開している．

　2位の滋賀県の地方版総合戦略によると，基本的方針として「人口減少を食い止め，人口構造を安定させる」や「人口減少の影響を防止・軽減する」など，人口減少を意識した方針が多く定められている．そのなかで，琵琶湖の水環境の課題解決を狙いに，水環境に関する技術や製品・情報を有する企業や大学，政府関係の研究機関を集積した「滋賀ウォーターバレープロジェクト」に取り組んでいる．滋賀県は，このような新産業を育成することで，雇用の創出や企業の移動に伴う社会増

にも注力している．

　3位の山梨県の地方版総合戦略によると，リニア中央新幹線の開業，中部横断自動車道の開通などの高速交通体系の整備による交流人口の拡大を目指している．特に，二地域居住者，県出身者，旅行者をターゲットにした「やまなしリンケージプロジェクト」が特長的で，二地域居住者には，市民農園を提供するなどの滞在期間の長期化を図る取り組みを実施している．東京に近い山梨県では，交通環境の良さをアピールしてこのような取り組みを行うことで，旅行者や二地域居住者が，将来は移住者として山梨県に移ってもらい，県全体の社会増数を増やすことを狙っている．ちなみに，認定NPO法人ふるさと回帰支援センターの移住希望地ランキング2016年版で，山梨県は全国1位になるなど，今後の移住者数の増加が期待できる．

（3）総合戦略による人口増効果

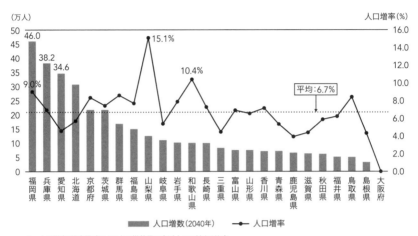

＊　人口増率：総合戦略による人口増効果の直近人口に対する比率

図2-3　総合戦略による人口増効果（2040年）

　前述した各都道府県の人口目標と，社人研の人口推計との差分は，各都道府県が総合戦略に取り組むことで生じた人口の増加分と考えられる．そこで，本書では，その差分を「総合戦略による人口増効果」として比較分析を実施する（図2-3）．人口の増加は，合計特殊出生率の向上などによる自然増と，UIJターンなどによる社会増に分類でき，各都道府県は自然増や社会増を増加させる取り組みを実施している．

　2040年時点で目標としている人口増数で比較すると，福岡県，兵庫県，愛知県の順番で高くなっており，特に福岡県の高さが目立つ．しかし，人口増率[1]で比較すると，数の順番とは異なる傾向がある．

　人口増率1位の山梨県では，社会増に関する取り組みは前述の通り

----
(1)　総合戦略による人口増効果の直近人口（平成27年度国勢調査速報集計結果より）に対する比率．

だが，自然増に関する取り組みも行っている．たとえば，お見合いを仲介する「やまなし出会いサポートセンター」による出会いの機会創出や男性の子育て参加支援などである．特に男性の子育て参加は，近年イクメンやイクボスなどの言葉もあるように出生率向上のための重要なテーマの一つになっている．山梨県では，家庭における協働の必要性について認識を深めるため「父親を考えるフォーラム」を開催するなど，自然増数の増加のためにも力を入れている．

2位の和歌山県の人口は1985年をピークに減少しており，15〜64歳の生産年齢人口は全国平均よりも低い．和歌山県の地方版総合戦略によれば，「全国に先んじて少子高齢化が進んでいる和歌山県において，人口構造を大きく変えるには相当の期間を要することから，当面，人口減少は避けられない」としながらも，多子世帯への経済的支援や地域のニーズに応じた多様な保育事業の充実を図るとともに，保育従事者の量の確保と質の向上を図り，安心して子どもを育てられる環境づくりを推進している．具体的には，2010年に策定した「和歌山県次世代育成支援後期行動計画」(「新紀州っ子元気プラン」)において,「一時保育」や「休日保育」などが地域のニーズに応じて目標設定されていなかった点を踏まえ，新たに「新紀州っ子元気プラン」を策定するなど，自然増の取り組みにも力を入れている．

3位の福岡県の地方版総合戦略を参照すると，合計特殊出生率は2015年時点で1.46と全国平均並みであり，2035年の目標は，他の都道府県の多くが設定している2.07となっている．合計特殊出生率の目標が特段高いわけではないことから判断すると，社会増中心によって人口増を達成しようとするものと想定される．地方版総合戦略によれば，大学が集積していることを強みとして大学進学に伴う社会増に特に力を入れていることが分かる．福岡県には38もの国公立・私立大学があり，福岡県内の大学・短大への入学者約2万9,000人のうち，約40％が県外からの入学者となっている[2]．なかでも福岡市は，若者率（15歳〜29歳）

が19.5%[3]と全国の政令指定都市のなかでトップであり，若者が若者を呼び込む好循環が生まれている．

・・・
(2) 文部科学省「平成26年度学校基本調査」．
(3) 福岡市ホームページより引用．http://facts.city.fukuoka.lg.jp/

(4) 雇用創出数

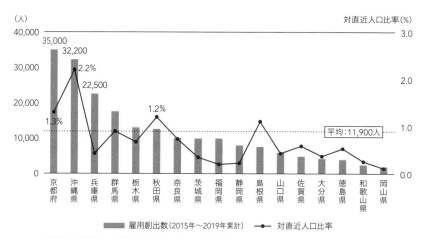

*1 群馬県の目標値は、4年間の合計から5年間累計を算出
*2 沖縄県の目標値は、2012年から2016年の増加分と、2017年から2021年の増加分の年間平均値より、2015年から2019年(5年間累計)を算出
*3 沖縄県，奈良県，静岡県の新規雇用創出数は県内就業者数から算出

図2-4　雇用創出数(5年間累計)

　図の雇用創出数（5年間累計）では，京都府と沖縄県が突出し3万人を超える高い目標を掲げている．沖縄県は，人口に対する割合でも突出しており，1位の京都府との人口規模の違いを考慮しても，高い目標を掲げていることが読みとれる．

　雇用創出数が1位の京都府は，京都の歴史と伝統に育まれた地域資源の活用やまちづくりが一体となった産業育成，また地域経済の中核となる中小企業のリノベーション，さらに大学の集積によるイノベーションの創出など，京都ならではの「産業文化を創生」することを目標に掲げている．そのなかで，地域づくりと産業振興を一体化した取り組みとしては，けいはんな学研都市におけるスマートシティ構想（ICTの高度活用に

よる便利で快適なまちづくりと新しいサービス・産業づくり）を推進したり，「海の京都」や「森の京都」など今までの京都のイメージとは異なるポイントをアピールし，まちのブランドづくりによって地域の中小企業を支援することで，大きな雇用創出を目指している．

2位の沖縄県は，情報通信関連企業の集積効果による雇用創出を目指している．特にうるま市には，「沖縄IT津梁パーク」という情報通信関連企業の集積地が整備されており，コールセンターをはじめ，ソフトウェア開発や保守，アプリのコンテンツ制作会社などさまざまな企業が入居している．沖縄県は，「沖縄IT津梁パーク」によって，8,000人の新規雇用の創出を目指している．この取り組みの詳細は，3章で述べることとする．

3位の兵庫県は，雇用創出のために「地域における商工業の振興」を目標の一つに掲げており，そのなかには，地場産業の振興も含まれている．県内には，灘の酒，ケミカルシューズ，皮革，手延素麺，豊岡の鞄，播州織，利器工匠具，釣針，靴下，線香，粘土瓦などの多くの地場産業があるが，安価な海外製品との競合や消費者ニーズの多様化により，厳しい経営環境にある．兵庫県の地方版総合戦略によれば，これらの地場産業から豊かな成熟社会のニーズに応えるライフスタイルを提案する地域産業へと発展させることを目指した取り組みを実施していることが分かる．たとえば，インターナショナル・ワイン・チャレンジ（IWC）「SAKE部門」10周年記念の開催地の誘致，日本酒プロモーションの実施，「じばさん兵庫ブランド創出支援事業」による新製品や新技術の開発支援などが挙げられる．このように，兵庫県では，地元に根付いた地場産業の振興による雇用創出に，地方創生の取り組みの一環として力を入れている．

（5）社会増減数

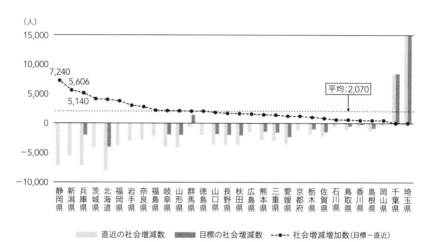

*1 秋田県，茨城県の直近値はKPIで定義された5年間の累計から1年分（1/5）を算出
*2 兵庫県は，人材流入増加数の年平均値より，目標の社会増減数を算出
*3 次の目標は社会増0の扱い：転入超過（静岡県，京都府，岡山県，広島県），転入転出数を均衡（茨城県），均衡させる（奈良県），転出・転入の不均衡を是正（福岡県），プラスの方向に向ける（新潟県）
*4 次の目標は直近値と同じ扱い：維持（千葉県），増加（埼玉県）

図2−5　社会増減数（年間）

　東京都などの都市部を除いて，全国の都道府県では，転出数が転入数を超える転出超過の状態になっている．多くの都道府県では「転出数を転入数と均衡させる」などの社会増減に関するKPIを掲げているため，本書では，直近の社会増減数と目標の社会増減数の差を，その都道府県の社会増減増加数として算出した．社会増のためには，主にUIJターン数を増加させる必要があるため，社会増の目標を掲げる都道府県は，移住者数やUターン就職数などのKPIもあわせて設定しているケースが多い．

　社会増減増加数が1位の静岡県では，移住の相談や受入態勢を充

実させるために，官民一体の取組推進，首都圏相談窓口の設置，情報発信の強化，交流の促進など多方面からの取り組みを行っている．具体的には，有楽町駅前に「"ふじのくにに住みかえる"静岡県移住相談センター」を設置し，移住希望者と受入市町とのマッチングや，各地域（賀茂，東部，中部，西部）における移住体験ツアーなどを実施している．たとえば，2016年には女性を対象にしたツアーや空き家物件の見学を中心としたツアーを実施するなど移住を考える人々の多様なニーズに応えるべく取り組んでいる．

2位の新潟県の社会増減は，バブル経済崩壊後の1993年から1996年の時期を除き一貫して転出超過（社会減）の状態になっている．高度経済成長期（1955～1973年）には，最大7万人を超える転出があり，転出超過は3万人を超えていた．近年は，東日本大震災のあった2011年を除き，4～5千人台の転出超過になっている．転出の中心は20歳から24歳の若者である一方で，転入の中心は55歳から64歳の定年後の年代である．そのため新潟県では，若者の定住促進のために，県内にUターンして就業した若者の奨学金返還を支援する補助金制度を整備している．また，魚沼圏域において地域医療ネットワークを整備し，医療機関間で患者データを共有するなど，健康寿命延伸のための取り組みも実施し，幅広い年代に対する支援を行うことで社会増を向上させようとしている．

3位の兵庫県は，社会増数を増加させるための取り組みの一つとして，「二地域居住」を推進している．神戸市という都市部もありながら近隣に農村地域も存在する強みを活かし，仕事は都市部で週末は農村で，といったライフスタイルを提唱している．その他，社会増数を増加させると同時に，社会減数の増加を抑える取り組みも行っている．県内の高校2年生には，県内企業紹介ガイドブックを配布するなど，若者の地元企業への就職を促進している．また，地元企業のなかには，若者を積極的に雇用しようとする企業も多い一方で，兵庫県内での就職を希望しな

がらもかなわない若者がいるという問題がある．このアンバランスな状況を打破すべく，「ひょうご応援企業」制度を創設した．これは，「兵庫で就職を目指す若者」と「兵庫で就職を目指す若者を積極的に採用する企業」を支援するため出会いの場を創設することを目的とした取り組みであり，県のホームページを始め，県主催の就職説明会，県内の若者への露出度を高めることで，県内での就職を推進している．このように，社会増数を増加させる取り組みと，社会減数を抑制する取り組みの両輪によって，社会増減数の目標達成を目指している．

（6）合計特殊出生率

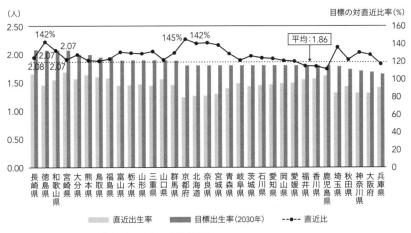

* 石川県(2028年)，奈良県(2032年)の目標値を使用

図2-6　合計特殊出生率(2030年)

　合計特殊出生率とは，1人の女性が一生の間に産む子どもの平均数のことであり，自然増を測る指標として多くの都道府県がKPIに設定している．合計特殊出生率の目標年は，2020年，2030年，2040年，2060年を設定することが一般的であるが，都道府県によって設定する年はさまざまである．本書では，共通して設定する都道府県が多かった2030年の目標を紹介する．

　国の総合戦略による合計特殊出生率の目標は，2060年までに1.8を達成することであるため，地方版総合戦略でもその水準を目標に掲げる都道府県が多い（合計特殊出生率の全国平均は2015年で1.46）．また，直近の合計特殊出生率が高い都道府県は，2.07を目標としているケースが多い．これは人口が増加も減少もしない均衡した状態となる合計特殊出生率である「人口置換水準」が2.07といわれているため，その水

準を目標としていると考えられる．いずれにせよ，どの都道府県においても現状よりも大きく改善した数値を目標に設定しており，京都府や徳島県，埼玉県など直近比が140％前後となっているケースも見られる．

直近比が1位の京都府は，東京都に次いで合計特殊出生率が低いという状況が数年続いている．京都府の地方版総合戦略の冒頭部分に「非常事態ともいうべき少子化の進行に歯止めをかける」と記載されており，合計特殊出生率の向上にひときわ力を入れていることが読みとれる．2015年には婚活支援拠点を整備し，お見合いやイベントを開催する婚活マスター（ボランティア）や婚活支援団体を紹介するなど，成婚数の向上を図っている．

2位の徳島県の合計特殊出生率は，全国平均よりわずかに上ではあるものの大きな向上は見られず，近年は横ばいの状況である．徳島県には，少子化対策の一環として「イクメンパワーアッププロジェクト」という取り組みがあり，男性が積極的に子育てしやすい職場環境づくりを推進している．具体的には，企業の経営者や管理職を対象に，イクメンへの理解を深めるとともに，より積極的にイクメン社員を推奨する「イクボス[4]」の養成に向けてイクボス研修を開催するなどしている．なお，受講企業は徳島県のホームページで紹介され，企業のPRにもつながっている．

3位の北海道の合計特殊出生率は，全国平均を1割前後下回った状態で推移しており，近年は横ばいの状況である．特に札幌市の合計特殊出生率が低く，2014年時点で1.16であり，全国で最も低い東京都の1.15（2014年時点）とほぼ同じ水準だ．道内人口の3分の1を占める札幌市の出生率は全体に大きな影響を与えるため，札幌市の地域特性に着目した取り組みは重要と考えられる．札幌市の合計特殊出生率が低

---

[4] 職場で共に働く部下のワークライフバランス（仕事と生活の両立）を考え自らも仕事と生活を充実させている上司（経営者・管理職など）のこと．

い要因のひとつに，未婚率の高さがあげられる．札幌市の25歳から39歳の女性の未婚率は2010年時点で45.3％，男性は52.1％であり，全国平均（女性：37.7％，男性：49.8％）と比較すると高い値になる．そこで北海道は，札幌市内に結婚相談や婚活セミナー等を開催する「結婚サポートセンター」を設置し，主に出会いの機会を創出することで結婚支援を行っている．その一方で，高校生や社会人を対象に結婚や出産，家庭の意義を伝える出前講座を各地域で開催する等，札幌市以外の地域に対する結婚支援の取り組みも展開している．

2.2 しごと・雇用のKPI

本節以降では,しごと・雇用,UIJターン,結婚・子育てといった,総合戦略で定められた具体的な政策分野についてKPIの分析結果を述べる.基本的には,12都道府県以上で共通して掲げられているKPIを中心に,重要なKPIを掲げる都道府県のなかで,目標値上位の都道府県の具体的な取り組みを紹介する.

しごとをつくり,子育ての環境を整え,まちを活性化させて生活の基盤を充実させることで,地方に移住し子どもを出産する人が増える.これが地方創生のシンプルな考え方だ.ここでは地方創生の基本といえるしごと・雇用の主要なKPIの分析結果について述べる.

(1) 企業立地件数

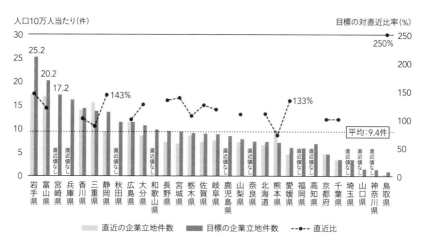

*1 北海道,千葉県,富山県,京都府,三重県の直近値は平均から累計値を算出
*2 広島県,愛媛県,佐賀県,大分県,鹿児島県,高知県の目標値は,年平均から累計値を算出

図2-7 企業立地件数(5年間累計)

第 2 章　KPI の分析結果

　経済産業省の「平成26年度地域経済産業活性化対策調査」によると，全都道府県を対象としたアンケート調査の結果，地域経済の活性化のための取り組みとして，「地域内の企業に対する設備投資支援」（22.7％）が最も重要と指摘され，次いで「誘致企業に対する設備投資支援」（22.0％）が重要と認識されていることが分かった．アンケートの結果通り，多くの都道府県では，地域経済の活性化のために企業立地に関するKPIを掲げている．企業立地件数のKPIを比較する際，都道府県ごとの規模を考慮して比較する必要があると考えられることから，本書では人口10万人当たりの企業立地件数で比較を実施する（図2－7）．

　人口10万人当たりの企業立地件数（5年間累計）が1位の岩手県では，一般的な補助金制度の他に，ワンストップ窓口による企業誘致活動やアフターフォローの充実などをアピールしている．岩手県のものづくり自動車産業振興室内には，活用可能な各種支援制度の案内はもとより，操業における各種行政手続きの迅速化に向けた関係機関との調整を支援する窓口が用意されており，ワンストップの企業立地支援を実施している．また，アフターフォローとしては，操業開始後のさまざまな問題点を解決するため，知事や副知事が企業を訪問して，実際に岩手で操業してみての問題点、行政への要望をヒアリングするなど，意見交換の場を用意している．

　2位の富山県では，北陸新幹線の開業を中心とした交通・物流網や，自然災害の少なさ，「くすりの富山」ブランドをPRした企業立地推進の取り組みが行われている．2015年に開通した北陸新幹線は，東京と富山間を約2時間で結び，富山県へのアクセスを格段に向上させた．また，自然災害については，文献で確認できる1,300年あまりの間，1メートルを超える津波はわずか1件にとどまるなど，地震の発生率も非常に低く，安全，安心な地域である点をアピールしている．その他，「くすりの富山」として古くからの歴史を有する医薬品分野においては，2013年の医薬

品生産金額が全国3位になるなど，医薬品生産の一大拠点となっている．富山県には，漢方を含む医薬品の研究・技術開発の関連施設として，県薬事研究所，県薬用植物指導センター，富山大学和漢医薬学総合研究所があり，医薬品研究の環境を整備することで，関連企業の集積が進んでいくと考えられる．

　3位の宮崎県も，他の都道府県と同様に，補助金制度（補助金の限度額は九州最高の50億円）や自然環境をアピールしている．2015年に補助金制度を拡充しており，フードビジネス振興への対応として，「植物工場[5]」を補助対象に追加している．地方版総合戦略によれば，「南九州地域の農産物を活用した産地加工施設や物流拠点などの立地・集積を促進する」とあることから，農産物関連企業の集積にも力を入れていることがうかがえる．

---

[5] 植物工場とは，恒常的構築物内で野菜など植物の生育環境（光，温度，湿度，二酸化炭素濃度，養分，水分など）を制御して栽培を行う施設のうち，環境および生育のモニタリングを基礎として高度な環境制御と生育予測を行うことにより，周年計画的に一貫して生産する施設．

（2）本社機能立地件数

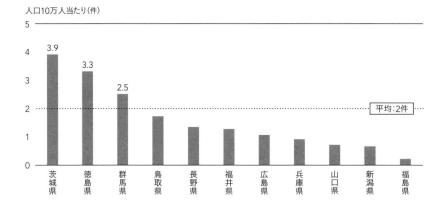

*1　群馬県, 新潟県, 徳島県の目標値は, 年間値から累計値を算出
*2　長野県の目標値は, 3年間累計から5年間累計を算出

図2-8　本社機能立地件数(5年間累計)

　帝国データバンクの「東京都・本社移転企業調査」によると，2005年から2014年の間に，他の道府県から東京都へ本社機能を有する事業所を移転した企業は5,674件，逆に東京都から他道府県に転出した企業は7,773件であった．数字をみると東京都から転出した企業の方が多くなっており，本社機能の地方分散が進んでいるようにみえる．しかし，その移転先を見てみると，神奈川県（構成比31.0％）が最も多く，埼玉県（同27.1％），千葉県（同17.5％）を合わせた上位3県への転出で7割超を占める状況であり，東京都を出ても近隣にとどまり，東京圏への集中は依然として進行している状況だ．

　国は，2015年に「地方拠点強化税制」を創設し，東京23区から地方へ本社機能を移転する企業の税制優遇を始めている．それに伴い，移転先となりうる道府県は，本社機能の立地件数を目標に掲げ，独自

の取り組みを実施している段階である．そこで，人口10万人当たりの本社機能立地件数を比較すると，茨城県，徳島県，群馬県の順に高くなっており，いずれの県も東京・大阪といった都市部から距離はあるが，アクセスの良い県であることが分かる．なお，直近の本社機能立地件数を地方版総合戦略に掲載している県が少ないため，図には直近の数および直近比は記載していない．

　人口10万人当たりの本社機能立地件数が1位の茨城県は，つくばエクスプレス（TX）や，東京駅に乗り入れたJR常磐線の鉄道網や，圏央道をはじめとする高速道路網の整備により，東京へのアクセスが良いことをアピールした取り組みを実施している．特に，秋葉原駅とつくば駅を最速45分で結ぶTXの開通により，茨城県から東京都へのアクセスは飛躍的に向上した．これに伴い企業移転も進み，放射線の外部被ばく測定サービス大手の長瀬ランダウアや，衣料品販売大手のライトオンなど，大手企業が本社機能を移転するケースも多く見られる．また，茨城県は，国の地方拠点強化税制の認定外となってしまう取手市など9市町と常総市水海道地区を独自の支援区域としており，県内の幅広い地域で本社機能の移転が進む取り組みを実施している．

　2位の徳島県では，県内への集積に力を入れているLED産業をはじめ，環境・エネルギー関連産業，医療・介護・健康関連産業，地域ブランド化推進企業または農工連携推進企業の本社機能立地を促進している．これらの企業に対しては，補助金を用意して本社機能の移転を支援しているが，その条件として，県内に既存工場を有していること，あるいは本社移転に伴って工場を新設することが含まれている．そのため，工場が必要のない企業や，規模が小さくて工場を持てない企業などは対象にならない．しかし，あえてこの条件をつけていることから，単なる本社機能の移転でなく，工場も含めた移転による大規模な雇用創出を狙いとした取り組みと考えられる．

　3位の群馬県は，若者や女性を含めた多様で良質な雇用を創出する

ことを目的として，2015年に本社機能移転・拡充を行う企業を対象とした独自の支援制度を創設し拡充している．具体的には，東京23区内から本社機能を移転する場合，不動産取得税を通常の1割に軽減，法人・個人事業税を通常の5割に軽減するなどの支援を実施している．また，群馬県は日本列島のほぼ中央に位置し，地震などの自然災害が比較的少なく，東京都へのアクセスも良いことから，本社機能やものづくりや物流拠点など，企業や首都圏の地方公共団体のバックアップ施設の立地にふさわしい場所としてアピールしている．具体的には，県内すべての市町村や経済団体などで「群馬県バックアップ機能誘致協議会」を設立し，リーフレットを作成するなどのPR活動が挙げられる．

（3）県の支援による創業件数

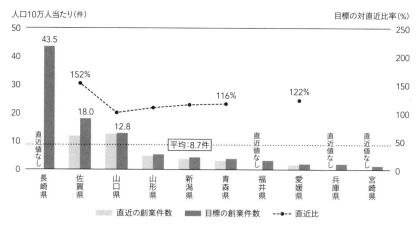

＊1　青森県，新潟県，佐賀県，福井県，兵庫県，山口県，愛媛県，長崎県，宮崎県の目標値は，累計から年間を算出
＊2　新潟県の直近値は，累計から年間を算出

図2−9　県の支援による創業件数（年間）

　2014年の中小企業白書によると，起業希望者は，1997年以降，減少傾向にあり，2002年と2012年を比較すると，4割も減少している．しかし，実際に起業した起業家数は大きく変化しておらず，1979年から2012年にかけて緩やかな減少傾向にはあるものの，毎年20万人から30万人の起業家が継続して誕生している．この状況を受けて，中小企業白書では「行政は起業希望者を増加させるための取り組みとともに，起業希望者が起業家になりやすい環境を整備するための取り組みを，同時併行で推進していくべき」としている．

　県の支援による創業件数を比較する際，もともとの人口の多寡が影響すると考えられるため，図では人口10万人当たりの件数を算出した．

　人口10万人当たりの県の支援による創業件数で1位の長崎県の地方版総合戦略では，創業支援の戦略で，事業計画や資金調達などの「創

業ボトルネックの解消」が挙げられている．それに関連する取り組みの一例としては，「長崎県クラウドファンディング普及啓発事務局」の活動が挙げられる．この事務局では，インターネットを通じて多数の方から資金を集めるクラウドファンディングの仕組みや活用事例などを紹介するセミナーをはじめ，クラウドファンディングサイトに掲載用の事業計画の策定を個別に支援するなど，資金調達に特化した支援を実施している．

　2位の佐賀県では，2015年から創業支援の取り組みの一環として「さがラボ構想」を推進している．これは，地元の民間施設や組織と連携しつつ，県全体があたかも一つのインキュベートスペース[6]として機能するよう，機会の創出と場や人材の育成・支援に取り組む構想である．この構想は，さがラボチャレンジカップ（ビジネスプランコンテストの開催など），さがラボスタートアップキャンプ（スタートアップに関連したイベントへの支援），さがラボエバンジェリスト（事業拡大を支援する人材の公募と活動支援）の3本柱で構成されている．たとえば，さがラボエバンジェリストでは，県のホームページ上に起業・創業を応援するエキスパートを紹介しており，それぞれの経歴や連絡先までが公開されているので，自由に相談ができる環境が整っている．

　3位の山口県には，女性への支援に特化した「女性創業応援やまぐち（通称WISやまぐち）」という，女性起業支援事業や経営コンサルタント事業や研修事業を行う企業が存在する．全国的にも女性社長数は増加傾向にあり2010年からの5年間で約1.6倍に増加[7]しており，女性の創業が進んでいるなか，WISやまぐちでは，数ヵ月分の人件費や経費を女性創業者に前払いして創業1年目の運転資金を支援することに加え，経営相談，経営指導，ビジネスパートナーの発掘やマッチングなど

---

[6] 起業や創業を志す者を入居させ，支援する施設で，一般的には安価なオフィススペースの提供，マネージャーによる相談・助言なども行われる．
[7] 『東京商工リサーチの2015年「全国女性社長」調査』を参照．http://www.tsr-net.co.jp/news/analysis/20160616_01.html

の支援を女性向けに実施している．一般的に，創業後1年以内に約40％が倒産し，2年目でさらに15％が倒産するといわれているが[8]，最もリスクの高い1年目の支援を重点的に行うことで，県内の女性活躍や，雇用の創出，ひいては移住者数の増加にも効果があると考えられる取り組みである．これについての詳細は，第3章で述べることとする．

----

[8] 女性創業応援やまぐち株式会社 ホームページより引用．https://wisy.co.jp/

（4）産学官連携取組件数

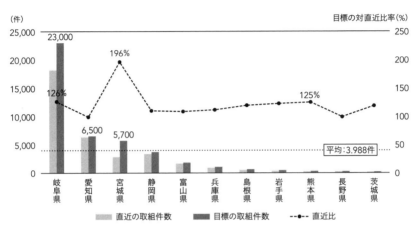

*1　岩手県，静岡県，愛知県，富山県，兵庫県，島根県の直近値は，5年間累計を算出
*2　静岡県，愛知県，富山県，兵庫県，島根県の目標値は，5年間累計を算出
*3　長野県：目標(維持・向上)は現状値と同じとして比較
*4　岐阜県：試験研究機関の依頼試験件数

図2-10　産学官連携取組件数(5年間累計)

　産学官連携とは，新技術の研究開発や，新事業の創出を図ることを目的として，大学などの教育機関・研究機関や民間企業や政府・地方公共団体などが連携することをいう．文部科学省によると，「産」とは，民間企業やNPOなど広い意味でのビジネス（ないしプライベート）セクターを指し，「学」とは，大学，大学共同利用機関，高等専門学校などのアカデミックセクター（国公私を問わない）を指す．「官」とは，国立試験研究機関，公設試験研究機関，研究開発型独立行政法人などの公的資金で運営される政府系試験研究機関を指すとしている．産業クラスターを形成して，企業を集積したり，新技術を開発したり，優秀な人材を育成したりするためにも，産学官連携は地方創生にとって重要なファクターであるといえる．

取り組み件数で1位の岐阜県の地方版総合戦略では，（公財）ソフトピアジャパンに「産学官連携イノベーション創出支援室」を設置し，岐阜大学に産学官連携推進本部を設置するなど，産学官の連携に力を入れていることが分かる．特に岐阜大学では，産学官連携推進本部を，ビジネスチャンスをつかむ技術に関する「よろず相談所」と位置づけており，民間企業との交流を推進している．技術交流会やラボツアーなどを実施するとともに，地域の企業・団体（商工会議所，金融機関，経済団体）などに出向いて，岐阜大学の産学連携事業の概要や連携の仕方などを説明する「産学官連携キャラバン」を実施している．

　2位の愛知県では，県内大学と民間企業との連携が進んでおり，名古屋大学には「ナショナル・イノベーション・コンプレックス（NIC）」という施設が整備されている．この施設には，企業の研究開発スペースや行政機関のオフィスが設置されており，大学と民間企業や地域を結ぶネットワークの構築，海外大学やイノベーション拠点との連携による産学官連携研究のグローバル化推進を目的としている．現在進んでいる研究のなかには，文部科学省と独立行政法人科学技術振興機構に採択された「革新的イノベーション創出プログラム（COI STREAM）」というものがある．これは10年後どのように「人が変わるべき」か，「社会が変わるべき」か，その目指すべき社会像を見据えたビジョン主導型のチャレンジング・ハイリスクな研究開発を行う拠点を，文部科学省と独立行政法人科学技術振興機構が公募するものである．採択された拠点には最大10億円の研究開発費が用意されており，名古屋大学ではトヨタ自動車などと連携し，高齢者が元気になるモビリティ社会に関する研究を進めている．

　また，大学以外でも，愛・地球博跡地に次世代ものづくり技術の創造・発信の拠点として「知の拠点あいち」を整備して共同研究開発を行ったり，ナノテクノロジーの研究開発に不可欠な計測・分析施設としてあいちシンクロトロン光センターを整備したりするなど，積極的な産学官連携が

行われている.ちなみに,「知の拠点あいち」におけるナノテクイノベーション戦略⁽⁹⁾は,文部科学省,経済産業省,農林水産省から「地域イノベーション戦略推進地域⁽¹⁰⁾」の国際競争力強化地域に選定されるなど,外部からの評価も高い取り組みである.

　3位の宮城県は,直近比で比較すると突出して1位となっていることが分かる.宮城県の地方版総合戦略には,「産学官による技術高度化支援や経営革新支援を通じて,『自動車関連産業』『半導体・エネルギー』『医療・健康機器』『航空機』などの分野における取引の創出・拡大を促進する」とあり,ものづくりを中心に産学官連携の推進を図る目標がうかがえる.県には,公益財団法人みやぎ産業振興機構があり,県における中核的産業支援機関として既存産業の活性化や産学官連携の推進を行っている.この活動のなかには,「みやぎ復興パーク」という,被災した製造業,福祉施設,サービス業を営む中小企業者の他,起業者や新たな地域産業の創出を目的とした大学の研究機関を集積する取り組みがある.そこには病院内の採血管準備装置やトレイ搬送自動採血台などの医療機器を製造する企業をはじめ,2016年12月時点で26団体が入居しているが,入居率は50％ほどである.当初は,近隣の被災した企業が入居するケースが多かったが,徐々に東北をベースに新たな事業を展開することや研究を行うことを目的に入居するケースが増加しているため,今後は県外の企業や研究機関へのPR活動が必要になると考えられる.

----

(9) 最先端の計測分析ツール(シンクロトロン光と高度計測分析機器)を活用して,産学官連携による共同研究開発を行い,ナノ計測分析ツールに裏打ちされた高機能部材・デバイスの開発を実現することを目的とした戦略.
(10) 地域イノベーションの創出に向けた地域の主体的かつ優れた構想に対して,文部科学省,経済産業省,農林水産省および総務省の4省の取り組みにより,その実現のための支援を行う地域.

（5）入域観光客数

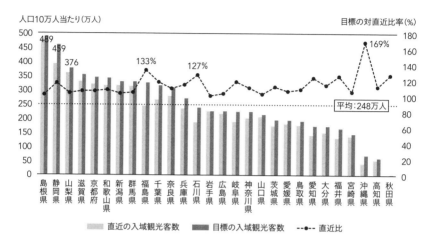

図2-11　入域観光客数（年間）

　国土交通省観光庁の観光統計によると，2015年の日本人国内延べ旅行者数は6億472万人（前年比1.6％増）となり，うち宿泊旅行が3億1,299万人（前年比5.3％増），日帰り旅行が2億9,173万人（前年比2.1％減）で，全体的な日本人の国内旅行者数はわずかだが増加している．一方で，外国人観光客数は急増しており，同じく国土交通省観光庁によると，2016年の外国人観光客数は2,000万人を突破している．2011年の東日本大震災後は年間620万人ほどにまで落ち込んだが，そこから数年間で3倍以上の外国人観光客が日本を訪れていることとなる．なお，図2-11の「入域観光客」には外国人観光客も含まれており，日本人，外国人を問わず観光客数の目標を示したものである．

　人口10万人当たりの入域観光客数が1位の島根県の観光客数は，2013年に前年比125％ほどの増加をみせたものの，ここ数年間は横ばいの状況である．また「平成27年島根県観光動態調査結果」によると，

第 2 章　KPI の 分 析 結 果

　島根県への観光客は男女が均衡しているが，20歳代が10%ほどしかない．そこで島根県では，これを踏まえた誘客宣伝活動を行っていると考えられ，EXILEのメンバーを起用した「ご縁の国しまね」のプロモーションや，島根県を舞台にした映画の宣伝のPR活動など，若者の認知度向上のための取り組みを実施している．「ご縁の国しまね」では，県内でも特に，出雲，石見，隠岐地域の認知度向上を図っており，EXILEのメンバー3名をそれぞれ地域別のキャラクターとして起用し，各地域の魅力を発信している．出雲地域は，県内で最も観光客が多い地域ではあるものの，2015年の観光客数は前年よりも減少しているなど，県を代表する観光地であっても楽観視はできない状況にあることがうかがえる．

　2位の静岡県の観光客数は，2015年に1億4,913万人で，前年度を約119万人（0.8%）上回っており，2011年から毎年順調に増加している．特に伊豆地域は，日本最長の歩行者用つり橋「三島スカイウォーク」が2015年12月に新規オープンし，さらに「韮山反射炉」が2015年7月に世界遺産登録されたことなどの効果により前年度比104.7%を記録している．静岡県は，その他にも，世界遺産である富士山や伊豆半島ジオパークなどの世界的に有名な観光地を多く有しており，地方版総合戦略には世界水準の魅力を活かした観光地域づくりを推進すると記されている．観光資源には恵まれている県ではあるが，伊豆地域と富士地域に観光客の50%以上が集中してしまうという課題がある[11]．そこで，静岡県は，地元の人しか知らないような隠れたスポットや歴史，人々の暮らしや文化に光を当てるなど，観光客の受け入れ先が，地元ならではのプログラムを企画し，参加者が現地集合，現地解散する「着地型観光」にも力を入れている．たとえば，お茶で有名な静岡県だが，わさび栽培発祥の地の静岡市有東木のわさびや，駿河湾の桜えびなど，

──────────

(11)「平成27年度 静岡県観光交流の動向」より引用．

地元で有名だったグルメなどを軸にした観光プランによって，さらなる観光客数の増加を目指している．

　3位の山梨県の観光客数は，2015年で前年度比105％であり，順調に推移していることがうかがえる．山梨県も観光客の約半分が富士・東部地域に集中しており，世界遺産となった富士山の影響が大きいと考えられる．地方版総合戦略には，峡東地域を中心に，ワイン，ぶどうや桃などの果実，農業景観，温泉などを活用したワインリゾート構想が示されており，静岡県同様，富士山以外の観光資源にも着目した観光戦略を策定している．

（6）外国人観光客数

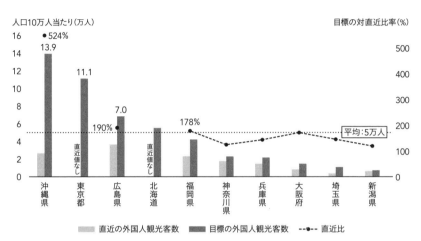

* 大阪府の目標値は，5年間累計から年平均を算出

図2−12　外国人観光客数（年間）

　前述の通り，2016年の外国人観光客数は2000万人を突破し過去最高を記録した．外国人観光客が増加した理由として，円安による割安感や，2014年から，従来免税販売の対象となっていなかった消耗品（食品類，飲料類，薬品類，化粧品類その他の消耗品）が新たに免税対象となったことなどが考えられるが，各都道府県の取り組みの成果が出始めている影響もあるだろう．

　単純な目標数の比較では，東京都が突出しているが，10万人当たりの目標数で比較すると沖縄県が1位となっている（図2−12）．沖縄県は，2016年に208万人の外国人観光客が訪れ，過去最高数を記録している．外国人観光客自体を増加させる取り組みとしては，クルーズ船の誘致や，地方空港におけるプロモーション展開などが挙げられる．さらに

急増する外国人観光客に対応するために，より簡易な手続きで通訳の資格を取得できる「沖縄特例通訳案内士」の制度を新設した．沖縄特例通訳案内士は，沖縄県の研修を受講することで資格が付与されるので，他の通訳案内士よりも取得しやすい．登録者数は2017年1月時点で318名[12]にのぼり，制度が創設された2012年から順調に増加している．この取り組みについては，第3章で詳しく述べる．

2位の東京都の外国人観光客は，東日本大震災のあった2011年に減少しているものの，その後順調に増加し，2015年には2011年の約3倍となり，過去最高を記録した．東京都では，首都としての集客力を活かして全国の観光資源のPRを行うことで，地方創生を推進している点が特長的だ．たとえば，中央区内で25道府県のPRをアンテナショップスタンプラリーとして実施したり，各地の特産品販売を行う「商店街と地方都市の交流物産展」を実施したりするなど，東京都を訪れた外国人に地方の観光地をPRしている．

3位の広島県の外国人観光客も，東京都などと同様に東日本大震災のあった2011年に減少しているものの，その後順調に増加し，2015年には過去最高を記録している．広島県を訪れる外国人観光客の国籍で一番多いのは，アジア圏ではなくアメリカであるという特徴がある．日本政府観光局「JNTO 訪日外客訪問地調査2010」[13]によると，広島県はアメリカ人の都道府県別訪問率の8位（約7％）にランクインしているが，中国や韓国では上位15位にも含まれていない．広島県は，嚴島神社と原爆ドームの二つの世界文化遺産があることが強みであるが，それ以外の観光地の認知度が低いという課題もある．広島県の地方版総合戦略にも，観光戦略である「ひろしま観光立県推進基本計画」にも，「『ひろしまブランド』や『瀬戸内ブランド』の確立に向けた観光情報発信の

・・

(12) 沖縄県HP「沖縄特例通訳案内士登録簿（更新日　平成29年1月31日）」より引用．
(13) http://www.jnto.go.jp/jpn/downloads/110126_houmonchi2010_attach.pdf

強化」を目標に掲げていることから，県をあげて二つの世界文化遺産以外のPRを行う姿勢が読みとれる．具体的には，台湾，中国，フランスをターゲット国として絞り込んだうえで，周遊促進を図っている．たとえば，台湾ではサイクリングがブームとなっていることから，しまなみ海道サイクリングロードなどの四つのサイクリングロードを整備しており，推奨ルートを明示するブルーラインや距離標などを用意し，地図を持たずにサイクリングができるような環境づくりを実施している．

(7) 観光消費額

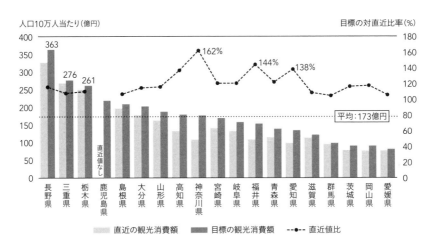

図2-13　観光消費額(年間)

　平成28年発表の観光庁「旅行・観光消費動向調査」によると，2015年の日本人国内旅行消費額は20兆4,090億円で，前年比10.8％増となり，東日本大震災前の2010年以来の数字となった．要因としては，3月に開業した北陸新幹線の開業効果や，9月のシルバーウィークの影響が考えられ，国内の観光消費額は上昇傾向にある．2015年の国内旅行の内訳をみると，宿泊旅行が3億1,299万人，日帰り旅行が2億9,173万人であり，前年と比較すると，宿泊旅行は約5％増加している．一方，日帰り旅行は約2％の減少となっている．日本人国内旅行の1人1回当たり旅行単価は，宿泊旅行が約5万円，日帰り旅行が約1.5万円と大きな開きがあることから，観光消費額が上昇しているのは，宿泊旅行数が増加していることが要因であると考えられる．

　図に示した人口10万人当たりの観光消費額の目標が1位の長野県では，「山の日」の制定を契機に，世界水準の山岳観光地としてのPRを

進めている．具体的には，ICTを活用した山岳遭難対策システムの事業化など山岳遭難の防止や，登山道の整備，山岳の環境保全および適正利用の方針を策定するなどしている．たとえば，長野県はICTを活用した山岳遭難対策事業に対し，予算の範囲内で必要な経費の一部を補助する「山岳遭難対策ICT活用モデル事業補助金」を用意しており，2016年でその受付を終了した．今後，採択された事業が補助金を使用して研究を開始し，遭難防止のシステムやサービスを発信していくことで，国内外からの観光客の増加が見込まれる．

　2位の三重県の地方版総合戦略では，「主要国首脳会議『伊勢志摩サミット』開催を好機と捉え，『海女』『忍者』『F1』『ゴルフ』など，本県の持つクールジャパン資源を活用した重点的なプロモーションや外国人旅行者向け口コミサイトを活用し，海外での本県の認知度向上を図る」とされている．外国人観光客は宿泊を伴うケースがほとんどであるため，そうした集客に注力することで，観光消費額の目標達成を目指しているものと読みとれる．三重県は，外国人旅行者の一層の来訪を図るため，旅行博出展や海外メディア招聘を実施しており，鈴木英敬知事自らもトップセールスを行っている．たとえば，毎年台北にて開催されている台湾最大の旅行博覧会である「台北国際旅行博」には，三重県知事の初訪問となった2012年以降6回訪問しており，台湾の旅行会社および旅行に関心のある来場者にPRし，三重県への誘客を促進している．そういった活動の甲斐あってか，三重県の外国人宿泊者数は，2011年から順調に増加しており，国籍の割合は台湾が25％以上と最も高くなっている．

　3位の栃木県の地方版総合戦略には，訪れた観光客の満足度分析結果として，宿泊施設の満足度が高く，食や体験の満足度が低いことなど，観光に関する課題が示されている．また，栃木県は2016年に「とちぎ観光立県戦略」を策定し，観光による消費をより高めて，観光産業のさらなる活性化を図っていくことを目指している．そのなかで，「とちぎ

の"食"の魅力を活かした誘客の推進」というテーマを掲げており，地域の美味しい"食"をもとに地域の魅力を発信する「とちぎ食の回廊（街道）」のPRを行っている．このような周遊ルートをPRすることで，滞在時間や日数の増加につながり，結果として観光消費額の増加につながるものと考えられる．たとえば，県南部の国道50号沿いに位置する食の回廊（街道）の一つに，足利市をはじめ4市3町に及ぶ「とちぎ渡良瀬いちご・フルーツ街道」がある．この街道は，ぶどう，もも，なし，いちご，トマトなどの生産が盛んで，そこに点在する観光農園や農村レストラン，農産物直売所，道の駅などを，「とちぎ『食』の回廊 ガイドブック」で紹介している．このように，栃木県では今まで満足度の低かった分野も意識した取り組みを展開している．

（8）女性の就業率

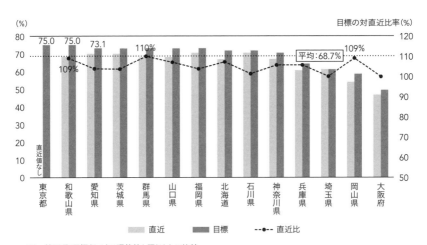

*1　埼玉県：目標（向上）は現状値と同じとして比較
*2　大阪府：目標（全国平均を上回る）は現状値と同じとして比較
*3　北海道，東京都，神奈川県，和歌山県，山口県，福岡県：25歳〜44歳を対象
*4　群馬県，石川県：15歳〜64歳を対象
*5　埼玉県，兵庫県：30歳〜39歳を対象
*6　岡山県：女性の生産年齢人口に対する常用労働者の割合

図2-14　女性の就業率

　厚生労働省の「働く女性の状況」によると，2014年の女性の労働力人口は2,824万人と前年に比べ20万人増加（前年比0.7％増）した．一方，男性の労働人口の増加数は3,763万人であり，前年に比べ10万人減少（同0.3％減）しており，女性の社会進出が進んでいることが分かる．しかし，労働力人口総数に占める女性割合をみると2014年は42.9％であり，10年前の割合（41.4％）からそれほど増加していない．このような状況のなかで，各都道府県はさらなる女性就業率の上昇を目指している．

　目標が1位の東京都の女性就業率は2012年時点で52.2％[14]であり，

高い割合を示している．しかし，育児をしている女性の就業率は全国平均以下[15]となっており，いわゆるM字カーブ[16]の谷間が深くなっている状況だ．東京都の地方版総合戦略には，「就業の促進」「新規参入の促進」「利用環境の充実」の三つの取り組みの視点により，家事援助などの生活支援サービス分野を充実させ，女性の社会的活躍を促進するとあり，育児をしながらの就業を支援する取り組みに力を入れていることが分かる．たとえば，人材の豊富なシルバー人材センターに，家事援助に関するコーディネーターを配置し，生活支援サービスの担い手を確保するなどしている．

2位の和歌山県では，県内で働く女性を応援するサイト「Happy Worker」を用意し，仕事と生活の両立（ワークライフバランス）や女性が働きやすい職場環境づくりの推進に取り組む企業の魅力を発信している．このサイトでは，企業の積極的な取り組みを紹介するとともに，これから働こうとする女性や今働いている女性に企業情報を提供している．2016年時点で，病院や銀行など13社が「働く女性応援企業」に登録されており，県のホームページやチラシでさらなる募集を行っている．

3位の愛知県では，産業労働センター内に設置した「あいち子育て女性再就職サポートセンター」（ママ・ジョブ・あいち）において，女性向けの相談やカウンセリングの支援や就業体験機会の提供により，出産・子育てなどで離職した女性の再就職支援に取り組んでいる．また，愛知県には，自動車産業をはじめとする製造業の企業が多いが，一般的に製造業には女性の就業者は少ない．そこで，県のホームページなどで女性の就業を積極的に行う企業を「あいち女性輝きカンパニー」として紹介しており，そのなかには製造業も多く登録されていることから，製造業の女性雇用を推進する姿勢がうかがえる．

....

[14] 総務省統計局「データでみる働く女性の実情」を参照．
[15] 総務省「女性・高齢者の就業状況」を参照．
[16] 日本における女性の年齢階級別労働力率を，グラフで表したときに描かれるM字型曲線のこと．

(9) 新規就農者数

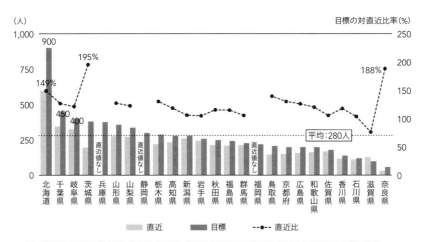

*1 群馬県, 静岡県, 滋賀県, 兵庫県, 鳥取県, 香川県, 福岡県の目標値は, 累計から年間就業者数を算出
*2 群馬県, 香川県の直近値は, 累計から年間就業者を算出
*3 茨城県は, 直近値が39歳以下でかつ独立自営就農者, 目標値が新規就農者(45歳未満)のみの数値
*4 栃木県は, 青年新規就農者の数値

図2−15　新規就農者数(年間)

　日本の農業就業人口は年々減少傾向にあり，2016年には約192万人と，2011年の約260万人と比べて，5年間で約70万人減少している[17]．一方で，新規就農者数をみると2015年に約6.5万人と，2010年の約5.4万人と比較して増加傾向にあり，2010年から2015年の5年間累計の新規就農者数は29万人に及ぶ．しかし，農業就業人口全体の減少数の方が，新規就農者数よりも圧倒的に多く，このままでは日本の農業就業人口の減少に歯止めがかからなくなると想定される．このような状況のな

....

(17) 農林水産省「農業労働力に関する統計」を参照．
http://www.maff.go.jp/j/tokei/sihyo/data/08.html

かで，多くの都道府県は新規就農者数のKPIを設定しており，農業への新規参入を支援する取り組みを行っている．

目標値1位の北海道の新規就農者数は，2010年までは順調に増加していたが，2010年の700人[18]をピークに徐々に減少傾向にある．北海道では，北海道農業公社（北海道農業担い手育成センター）が中心となって就農支援を行っており，東京，大阪，札幌に相談窓口を開設し，専任の相談員（就農コーディネーター）が，農業体験などを紹介している．また，北海道立農業大学校や花・野菜技術センターなどの道内の大学や研究機関では，新規就農者向けに花や野菜に関するベーシックセミナーなどを開催し，より具体的な営農技術や営農管理技術習得を支援している．その他にも，従来の農業に加え漢方用の薬用作物の栽培に力を入れており，手順書を作成するなどの支援をしている．地方版総合戦略にも「漢方薬メーカーなどが求めている国産原料の安定調達に向け，地域ごとの生産モデル構築への支援などによる生産拡大を目指す」とある．実際，夕張市では漢方薬大手のツムラ子会社の夕張ツムラが農地を保有できる農業生産法人となり，漢方薬の原料になるソヨウやセンキュウなどの農地の拡大を図るなど，漢方薬栽培への参入が進んでいる．

新規就農者数の目標値2位の千葉県の農業就業人口も，全国の傾向と同様に減少している．千葉県の地方版総合戦略では，「若者にも魅力のある力強い産業として確立する」とあり，農業を志す若者が安心して就農できるよう，県立農業大学での研修やインターンシップなどを行っている．特に45歳未満の参加者には年間150万円を最長2年間給付するなど，金銭面での支援も充実させている．また，千葉県は，企業家感覚を持った農業経営者（アグリ・トップランナー）の育成にも力を入れており，アドバイザーを派遣するなどして農業経営者を支援している．実際に農業法人を順調に経営する経営者を招き講演を行い，事業内容や

---

[18] 北海道「平成27年新規就農者実態調査結果の公表について」を参照．

販売戦略，雇用についてのアドバイスをすることで，若手就農者の経営スキルアップを支援している．

　目標値3位の岐阜県の農業就業人口は，2005年と2010年を比較すると約30％減少しており，その平均年齢は65.1歳から69.4歳へと4.3歳上昇している．特に，39歳以下の若手の割合は，2005年には約12％あったが，2010年には4％と著しく減少してしまった[19]．このような状況下で，岐阜県は，JA全農岐阜のいちご研修所，冬春トマトの岐阜県就農支援センターなど，品目を絞った就農研修拠点を整備し，新規就農者への支援を効果的に行っている．今後は，柿，栗，飛騨牛などの品目を増やして研修拠点を増加させる予定である．

----

[19] 「ぎふ農業・農村基本計画（平成28〜32年度）」を参照．

（10）林業新規就業者数

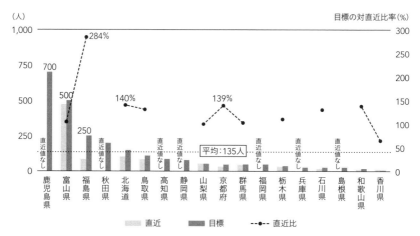

*1 秋田県，福島県，群馬県，山梨県，静岡県，鳥取県，島根県，香川県，福岡県の目標値は，累計から年間就業者数を算出
*2 島根県，高知県の目標値は，林業就業者数から算出
*3 栃木県，群馬県，香川県，福岡県の直近値は，累計から年間就業者数を算出

図2-16　林業新規就業者数（年間）

　日本の林業就業者数は減少傾向にあるものの，2005年頃から減少数は鈍化しており，2005年と2010年の林業就業者数はほぼ同数であった．また，林業は他産業よりも高齢化が深刻であるといわれており，2000年の高齢化率（就業者における65歳以上の割合）は30％と，他産業の高齢化率（10％）と比較しても突出していた．しかし，2000年をピークに高齢化率は低下し始め，2010年には他産業の高齢化率に近しくなり，若者の就業が多くなっていることがうかがえる．これは，2003年から開始された，林業就業に意欲を有する若者に対して基本的な技術の習得を支援する「緑の雇用」[20]事業の影響と考えられ，新規就業者数も大幅に上昇した．

林業新規就業者数の目標値1位の鹿児島県の林業就業者数は，長期的には減少傾向であるが，2005年からはほぼ横ばいで推移している．また，65歳以上の占める割合も，2000年の21％から2010年には12％に低下[21]している．鹿児島県は，就業体験や就業相談などの一般的な取り組みの他にも，竹林面積日本一という特性を活かして，早掘りたけのこや原木しいたけ，枝物などの特用林産物の生産拡大を図っている．2016年には，豊富な竹林資源を活かして地域の活性化を図るため，早掘りたけのこの生産体制の強化や竹材の有効活用を推進する「かごしま竹の郷創生事業」を行うなどの取り組みにも注力している．

　目標値2位の富山県の林業就業者数は，ほぼ横ばいで推移しており，2006年時点で481人，2015年時点では463人とほとんど減少していない．しかも，1993年は平均年齢が約60歳だったのに対し，2015年では平均年齢は50歳と，高齢化の問題は改善しつつある[22]．しかし，良い面ばかりでなく，就業者の約7割が冬期間に雇用が切られる季節雇用（4月〜11月）であり，3年後定着率が約6割と低く，意欲のある若者の林業への定着につながっていないという面もある[23]．そこで富山県では，冬期において林業にチャレンジする林業事業体を支援するために「とやま型冬期林業」の取り組みを開始して，通年雇用や年収アップによる林業就業者の定着を図っている．具体的には，冬期における伐採や搬出などの林業の新たな作業体系を実証するため，林業機械や作業路の整備などを支援している．冬季は作業しにくい環境ではあるが，冬季に伐採した木材のほうが品質が良い，冬季の林道は一般車が通行止

---

[20] 審査の結果認められた森林組合などの林業事業体に採用された人に対し，同事業体などを通じて勤務年数，スキルに合わせた講習や研修を行うことでキャリアアップを支援する．
[21] 農林水産省　林野庁「森林・林業情勢，その他の社会情勢の変化」を参照．
[22] 平成28年度版「富山県森林・林業白書」を参照．
[23] 全国知事会 先進政策バンク詳細ページを参照．
　　http://www.nga.gr.jp/app/seisaku/details/4852/

めになり作業車が運行しやすい，などのメリットもあり，県内の林業を営む企業に冬季の活動を推進している．

　目標値3位の福島県の林業就業者数は，2005年には1,755人であり減少傾向にあったが，2010年には2,181人となり回復しつつある．しかし，震災による原発事故により，今現在も営業再開できない事業体があることや震災関連業種への人材の流出により，林業労働力の確保は困難な状況だ．また，雇用管理の現状は，林業作業の季節性や事業体の経営規模の脆弱性から臨時的，間断的な雇用になっている場合が多い．また賃金の支払い形態は，日給，出来高給が多いなど不安定な形態である．そこで，福島県では，「林業労働力確保支援センター」を整備し，新規就業者を対象とした研修の実施や，高性能林業機械のリースを実施することで，生産コストの低減や労働強度の軽減，労働災害の防止を図るなど，震災からの復興に尽力している．

（11）漁業新規就業者数

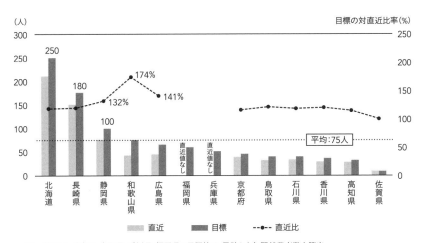

*1 静岡県, 兵庫県, 鳥取県, 香川県, 福岡県の目標値は, 累計から年間就業者数を算出
*2 佐賀県は, 玄海地区の新規漁業就業者数

図2-17　漁業新規就業者数(年間)

　日本の漁業就業者数は，2015年時点で約16.7万人と年々減少しており，2008年時点（約22.2万人）と比較すると2割以上減少しており[24]，農林産業と同じく高齢化が進行している．しかし，15歳～24歳までの若者の就業者数は，2015年時点で前年よりも5％増加しており，少しずつではあるが若者も増加傾向にある[25]．

　図2-17の漁業新規就業者数の目標値が1位の北海道の漁業就業者数は，2003年に約3万人で，2008年には約3.3万人にまで増加したも

....

(24) 農林水産省「漁業労働力に関する統計」を参照.
　　 http://www.maff.go.jp/j/tokei/sihyo/data/18.html
(25) 農林水産省「平成27年 漁業就業動向調査」を参照.

のの，2013年には約3万人と，10年前の水準に戻っている[26]．北海道の地方版総合戦略には「海域の特性に応じた栽培漁業の一層の推進」とあり，栽培漁業にも力を入れていることが分かる．実際，えりも以西太平洋海域の広域的栽培対象魚種であるマツカワ（ブランド名「王鰈（おうちょう）」）の種苗生産を行う北海道栽培漁業伊達センターを整備し，今までにマツカワの稚魚100万尾を放流するなど安定的な水揚げを目指して取り組んでいる．マツカワは，かつては北海道沿岸で年に10トンほどの水揚げ量があり多くの漁業就業者を支えていたが，近年は1トンにも満たない量になってしまった．水揚げ量の減っている種類に特化して栽培漁業を推進することで，漁業就業者の安定収入につながり，就業者増加にもつながっていく取り組みの例といえる．

　目標値2位の長崎県の漁業就業者数は，2003年は約3万人だったのに対し，2013年は約1.4万人と10年間で半減している[27]．長崎県では，漁業就業者の安定収入の確保や離職防止のために，雇用型漁業の育成に力を入れている．2016年より，雇用型漁業育成支援事業を開始し，漁村地域の重要な雇用の場となっている定置網・中小型まき網漁業について，生産設備の導入・改善や加工・流通・観光に一体的に取り組む優良な経営モデルづくりを推進している．具体的には，漁業経営体が行うモデル計画の策定，実践・検証にかかる指導およびモデルの普及に要する経費を補助したり，策定したモデル計画にもとづく，生産設備の導入や改善，加工や流通などの取り組みの実証，実践に要する経費を補助している．

　目標値3位の静岡県の漁業就業者数は，2013年には5,750人と2008年時点に比べ755人（11.6％）減少しており，やはり年々減少傾

---

[26] 「2013年漁業センサス調査結果の概要」（北海道）を参照．
[27] 長崎県ホームページ「2013年漁業センサス結果の概要」を参照．
[28] 「2013年漁業センサス結果報告書　静岡県結果報告」を参照．

向にある[28].静岡県では,水産業を活性化すべく「浜の活力再生プラン」を策定している.静岡県は,観光者数の多さを活用して,漁協直営食堂を観光ルートに取り込むなど,水産資源と観光客を結びつける取り組みを行い,水産業の活性化を図っている.たとえば,田子の浦のしらすは,「富士ブランド（富士商工会議所）」「しずおか食セレクション（静岡県）」に認定されており品質が高い.そこで,しらす販売店・飲食店が集まった「富士山しらす街道」を整備したり,「しらす祭り」「しらす街道フェア」「田子の浦港水産祭り」を開催したりと,観光客を呼び込むことで需要を拡大し,漁業就業者の拡大に向けた取り組みを行っている.

2.3　UIJターンのKPI

　地方にしごとをつくり雇用できる人を増やすことと，都市から地方に転入してもらう人を増やすことは，地方創生戦略の両輪といえる．ここではUIJターン，つまり地方への転入を促進するためのKPIについて分析結果を述べる．

（1）県内大学生の県内就職率

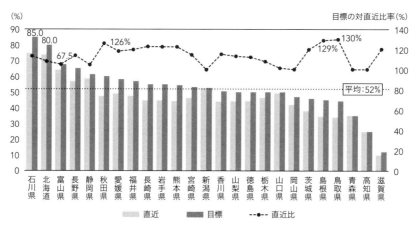

*1　新潟県：目標（増加）は現状値と同じとして比較
*2　青森県：目標（現状より増加）は現状値と同じとして比較
*3　高知県：目標（H26実績を上回る）は現状値と同じとして比較

図2-18　県内大学生の県内就職率

　文部科学省の「大学等卒業者及び高校卒業者の就職状況調査」によると，4月1日時点の大学生の就職率は，2008年のリーマンショック以降減少傾向にあったものの，2011年頃から増加しており，2016年にはリーマンショック以前の水準に戻っている．就職率は回復してきたが，東京や大阪などの大都市の大学を卒業した地方出身者の多くは，仕事

の種類が豊富な都市圏に就職する．このような傾向は地方の大学でも同じで，就職のために地方から都市圏に転出してしまう大学生も多い．

　県内大学生の県内就職率目標1位の石川県では，2015年9月までの1年間の転出数のうち，最も多い（約22％）年代が20歳〜24歳であり[29]，大学卒業後に県外へ就職している人が多いことが分かる．石川県の地方版総合戦略によると，新規就職者へのアンケートの結果，就職先の企業を決めた理由として，企業説明会における「社員の対応・人柄」が上位となっていることを受けて，企業の人事担当者の採用力強化にも力を入れている．たとえば，（公財）石川県産業創出支援機構では，人事担当者向けセミナーを実施し，"採用直結型"のインターンシップに関する専門的知見やノウハウを提供している．

　目標2位の北海道でも，20歳〜24歳の転出数が全体の約半分を占めており，その状況が数年続いている[30]．道銀地域総合研究所が札幌市内の学生にヒアリングした結果[31]によると，「学生は全体的に，当初の地元志向は強いが結果的に道外に流出せざるを得ない状況である（入学後3年前後で意識が変化する）」とある．つまり，実際に就職活動を行う段階になって，道内企業が就職先の選択肢から外れる傾向がみられるということだ．道内には，人手不足が顕在化している業種（ホテルや運輸，建設など）もあることから，北海道は，ジョブカフェ北海道での地元企業の紹介や，道内大学における地元企業へのインターンシップなどを推進している．

　目標3位の富山県でも，2015年9月までの1年間の転出数のうち，20歳〜24歳の転出数が約半分を占めており，大学卒業後に県外へ就職している人が多い．富山県では，県内大学で学生の県内就職を促進

---

[29]　「石川県の人口と世帯」を参照．
[30]　「北海道人口ビジョン」を参照．
[31]　「市内大学生等地元就職促進施策検討に係るヒアリング等調査業務報告書」（平成27年3月）
　　　https://www.city.sapporo.jp/somu/machikiso/documents/daigakusyuusyoku.pdf

するセミナーの開催を推進しており，たとえば，富山大学では県内で働くメリットを数値で可視化して学生に伝えるなどの取り組みを実施している．具体的には，新規大卒者3年以内離職率が低いこと（富山県：25.6％，全国平均：28.8％），通勤時間が短いこと（30分以内が7割），15歳〜34歳の若者の正規雇用率が高いこと（富山県：72.9％，全国平均：64.7％）など[32]をアピールしたうえで，就職セミナーやインターンシップを推進している．

---

(32) 富山大学「とやまで働こう」を参照．
　　http://www3.u-toyama.ac.jp/chiiki/cocplus/pdf/hataraku.pdf

（2）県の支援による移住者数

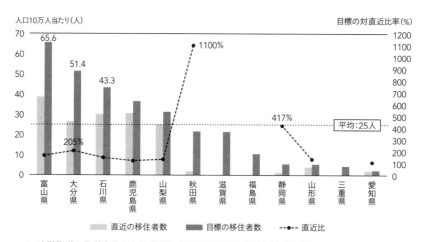

図2-19　県の支援による移住者数[33]（年間）

NPO法人ふるさと回帰支援センターの「ふるさと暮らし情報センター（東京都千代田区）」には，多くの都道府県が移住に関する専任相談員を配置し，移住ニーズの高まりに対応している．専任相談員を配置している都道府県は，2017年時点で39にのぼる[34]．ふるさと暮らし情報センターでの移住相談件数も順調に増加しており，2015年には21,584件と前年の12,430件から大幅に増加し，地方への移住に対する関心が高まっていることが分かる．実際に，県の支援による移住者数（人口10万人当たり）の目標対直近比率を比較すると，4倍以上，10倍以上の目標を設定している県もある（図2-19）．

---

[33] 県の支援センターなどを利用した移住者数．
[34] NPO法人ふるさと回帰支援センター　ホームページを参照．
http://www.furusatokaiki.net/about/location_tokyo/

直近比1位の秋田県は，NPO法人ふるさと回帰支援センターの移住希望地ランキング2015年版で，東北地方のなかで1位（全体8位）を記録し，移住地としての人気が高まっている．人気向上の理由の一つに，「教育環境の良さ」が挙げられる．秋田県は，児童の学力が高いという特長があり，2015年の全国学力・学習状況調査では全国1位になっている．その理由としては，①全国で学力調査を実施する前から県独自の学力調査を行い，結果を各学校にフィードバックして改善を行っていること，②知識の詰め込みだけでなく，児童自ら課題を設定しディスカッションを通じて解決策を探る探究型の学習スタイルをとっていること，③少人数のクラスで授業を行っていることが挙げられ，このような恵まれた教育環境が秋田県の移住希望地ランキングを押し上げる要因の一つと考えられる．

　直近比2位の静岡県では，移住推進のために「ふじのくにに住みかえる推進本部」という官民一体の組織を設立し，官民それぞれの強みを活かした取り組みを推進している．具体的には，県主導の移住体験ツアー，移住セミナーや，民間企業主導のシェアハウスにおける移住体験などが挙げられる．なお，秋田県と静岡県の取り組みについては，第4章で詳しく述べる．

　直近比3位の大分県は，東京に移住コンシェルジュを配置し，大分市に「おおいた産業人財センター」を設置するなど，気軽な移住相談や具体的な移住支援の体制を整えることで，定住希望者への情報提供や企業とのマッチングを実施している．このような幅広い移住支援の取り組みにより，NPO法人ふるさと回帰支援センターの移住希望地ランキング2016年版で大分県が全国7位にランクインするなど，移住地としての人気が高まっている．たとえば，県北部に位置する豊後高田市では，自動車関連企業を中心とした企業誘致，過疎化・老朽化した商店街を再生した「昭和の町」による観光促進，空き家や宅地の情報提供を行う「空き家バンク」による移住支援などが功を奏し，2016年に81人の社会増を達成している．

（3）UIJターン就職者数

　UIJターンとは，大都市圏の居住者が地方に移住する動きの総称（Uターン：出身地に戻る，Iターン：出身地以外の地方へ移住，Jターン：出身地の近くの地方都市に移住）であり，ここでは，UIJターンによる就職者数の比較を行う（図2－20）．

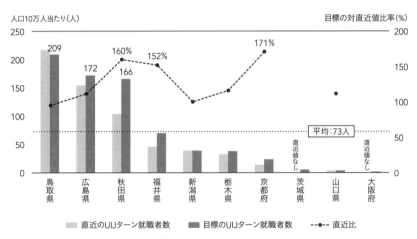

＊1　新潟県：ふるさと回帰する者の数．目標（増加）は現状値と同じとして比較
＊2　茨城県，京都府，山口県，鳥取県の目標値は，累計から年間を算出
＊3　山口県の直近値は，累計から年間を算出

図2－20　UIJターン就職者数（年間）

　直近比1位の京都府の地方版総合戦略には「半農半Xなどの働き方の普及促進」が掲げられており，半自給的な農業を営みつつ，別の分野での活動も推進する取り組みを行っている．たとえば，農家の農機具保持の負担軽減のため，使いたい農機具をインターネットで予約でき，利用したい時間だけ使えるシェアシステムを構築するといった取り組み．さらに，空き家や農地の活用によって移住の促進を図る地域を「移住

促進特別区域」に指定するといった取り組みがある．特に，「移住促進特別区域」は，移住促進が円滑に行われるように，区域内の空き家所有者に空き家を適切に管理する義務を規定している点が特長的だ．このように，空き家所有者の義務を条例に明記していることは全国的にも珍しく，就農希望者が利用しやすい状態で良い空き家を用意することで，就農者を支援しているといえる．

　直近比2位の秋田県には序章で紹介したように，地域に根ざした起業家を支援するプログラムである「ドチャベン・アクセラレーター」という取り組みがある．年に1回ビジネスプランコンテストを行い1位のチームに対し100万円の支援金を進呈するなどの支援を行っている．実際，2016年には秋田県産フルーツの定期販売事業や県産材を使用した家具の販売業など，コンテストを通過した4チームが起業しており，起業した団体の活動に参加するために移住する人も増加している．秋田県はこのような「起業しやすい環境」を整えることで創業希望者のUIJターン数の増加を図っている．

　直近比3位の福井県では，女性の中途採用に特化した支援を行う「プラス1女性雇用企業支援事業」を行っている．これは，福井Uターンセンターから紹介を受けた県外在住の女性を，主に正社員の事務職として雇用する企業に対し，3ヵ月間にわたり給与の1/2を補助するというものである．福井県は，特に有効求人倍率の低い事務職に着目した取り組みを行うことで，転出の中心である若い女性のUIJターン就職を支援している．

　なお，秋田県と福井県の取り組みは第4章で詳しく紹介する．

2.4 結婚・子育てのKPI

しごと・雇用とUIJターンの次は結婚・子育てである．

厚生労働省の社人研によれば，「生涯未婚率」（50歳まで一度も結婚をしたことのない人の割合）は，2015年に男性23.37％，女性14.06％だという(35)．男性が4人に1人，女性が7人に1人は結婚しない．地方にしごとをつくり移住してもらっても，結婚してもらわないことには子どもも期待できず出生率は増えない．ここでは婚活と子育てのKPIについて分析結果を述べる．

（1）結婚支援センターによる婚姻者数

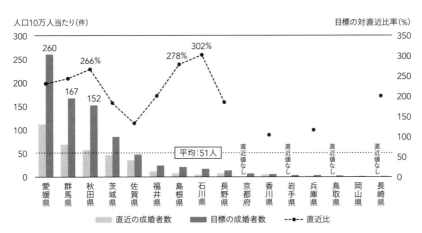

*1　群馬県，京都府，兵庫県，岡山県，鳥取県，愛媛県，香川県，長崎県の目標値は，累計から年間を算出
*2　群馬県，石川県の直近値は，累計から年間を算出

図2-21　結婚支援センターによる婚姻者数（年間）

内閣府の「平成26年度 結婚・家族形成に関する意識調査」における独身男女への調査によると，現在結婚していない理由についての回答は，「適当な相手にめぐり合わないから」が54.3％と最も高い．また，

同調査によって，結婚への意識としては，東京に比べて地方の方が「家を継ぐ」という意識が強く，結婚は「するもの」と捉えている傾向があることが分かった．つまり，地方では，出会いさえあれば結婚にいたる可能性が高いと考えられる．このような状況のなか，各都道府県（特に地方）では，行政主体の結婚支援が行われており，出会いの場を用意することで「適当な相手」にめぐり合う機会を創出している．

　結婚支援センターによる婚姻者数（10万人当たり）において，目標値1位の愛媛県の婚姻数は，2015年時点で6,102件[36]であり，2005年の7,246件と比較すると，10年間で15.7％の減少となっている．愛媛県の地方版総合戦略には「『えひめ結婚支援センター』を通じた出会い後，ボランティアによるきめ細やかな交際フォローなどにより，成婚に向けた支援を行う」とあり，出会いの場の創出のみならず，アフターフォローにも力を入れていることが分かる．この取り組みではイベントなどで「お節介をする」役割としてボランティア推進員を認定している．ボランティア推進員は，イベント時のフォローももちろんだが，交際2週間後と2ヵ月後に定期連絡を行い，状況確認やアドバイスを実施する．2017年時点で200人を超えるボランティア推進員が登録されており，多くのお節介役による結婚支援が行われている．

　2位の群馬県の婚姻数は，近年は横ばいに推移していたが，2015年は8,820件[37]で，前年に比べ269件減少している．また，群馬県が20〜39歳を対象に行った調査によると，独身者の約8割が結婚を望んでおり，結婚支援へのニーズは高いといえる．そのなかで，「ぐんま赤い

---

[35] 社人研「人口統計資料集（2017）－Ⅵ．結婚・離婚・配偶関係別人口」表6－23 性別，50歳時の未婚割合（生涯未婚率），有配偶割合，死別割合および離別割合：1920〜2015年を参照．
[36] 愛媛県の婚姻件数 推移（1975年〜2015年のチャート）
　　http://stckr.net/sd/p-38/col-A9101/
[37] 「平成27年群馬県の人口動態統計概況」を参照．

糸プロジェクト」を実施し，出会いイベントを開催する団体や企業を募り，イベント情報を登録者に通知することで，独身男女の出会いの場を創出している．

　3位の秋田県の婚姻数は，2015年時点で3,613件と前年度に比べ229件減少しており，年々減少傾向にある．また，婚姻率は全国47位と最も低く，2000年以来16年連続最下位という状況だ．これを打破すべく，独身男女に出会いの場を提供する企業や店舗などを「すこやかあきた出会い応援隊」として認定し，その構成団体の特性を活かしたイベント（パーティー形式，レジャー形式，体験教室など）情報を発信している．一般的な出会いパーティー以外の例としては，英会話プログラムと出会いイベントを融合させた独身者限定の勉強会を英会話教室が主催するなど，構成団体である企業の得意な部分を活かした取り組みも実施されている．

(2)男性育児休業取得率

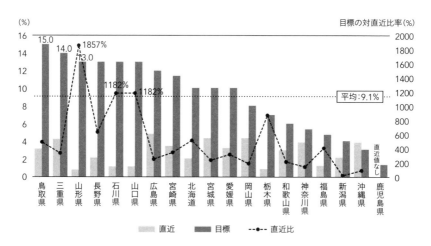

図2-22 男性育児休業取得率(年間)

　育児休業制度の規定がある事業所の2015年の割合は，30人以上の事業規模で91.9％[38]となっており，制度自体の整備は進んでいる．一方で，男性の育児休業の取得率は増加しつつあるものの，依然として低い水準のままだ．2014年9月30日までの1年間に配偶者が出産した男性のうち，1年後の2015年10月1日までに育児休業を開始した者（育児休業の申し出をしている者を含む）の割合は2.65％で，昨年と比較して0.35％の上昇にとどまった．女性にとって出産・育児をしやすい環境を整えるためにも配偶者の協力は不可欠であり，上記のような状況を踏まえてか，多くの都道府県で男性の育児休業取得率の目標を設定している．

　男性の育児休業取得率の目標1位の鳥取県では，男性従業員に育

----

(38) 厚生労働省「平成27年度雇用均等基本調査」を参照．

児参加休暇または，育児休業を取得させた事業主に対して奨励金を支給することで，育児休業取得率の向上を目指している．「育児参加休暇」は，配偶者の産前産後休業期間中に2日以上の休暇を取得することであり，「育児休業」は，連続する5日以上の休暇を取得することである．なお，奨励金の支給条件には，育児休業終了後に職場に復帰していることも含まれ，職場復帰まで視野に入れた支援を実施している．

2位の三重県では，「みえの育児男子プロジェクト」を実施し，セミナーを通じて，男性の育児参画についてアドバイスができ，地域や企業で男性の育児参画をけん引できる人材（育児男子アドバイザー）を養成するなどして男性の育児参画を促している．また，三重県は，鈴木知事が2015年イクメンオブザイヤーの特別部門を受賞するなど，特に男性側の視点に立った少子化対策を行っている姿勢もうかがえる．この取り組みについては第5章で詳しく述べる．

3位の山形県では，男性の家事・育児参画促進など，男女が共に仕事と子育てを両立できる社会の実現のために「やまがた企業イクボス同盟」を設立している．イクボスとは，部下の仕事と家庭の両立を応援する上司のことである．この同盟では「男性の家事・育児が当たり前になり，働きながら安心して子どもを産み育てられる社会」の実現に向け，賛同する企業を募集している．なお，山形県が2016年度に「やまがた企業イクボス同盟」の加盟企業を対象として行ったアンケートの結果[39]によると，男性の育児休業取得・予定率が4割に上ったことが分かった．あくまで加盟企業内の調査ではあるものの，良い結果となり，山形県の取り組みが実を結んでいることが分かる．

----

[39] 山形新聞「男性の育休取得，4割も　県内・イクボス同盟企業アンケート」（2017年3月13日）を参照．

(3) 子育て応援企業数

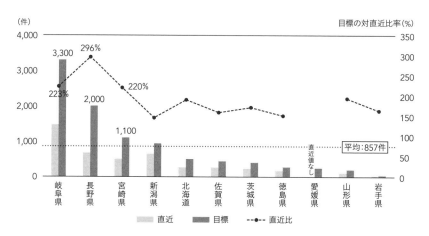

図2-23　子育て応援企業数(5年間累計)

　厚生労働省の2015年の発表[40]によると，出産後継続的に就業している女性の割合は約4割であり，残りの約6割の女性は出産・育児により退職している．また，妊娠・出産を機に退職した理由を見ると，「家事・育児に専念するため自発的にやめた」が39％で最も多いが，次いで多い理由は「仕事を続けたかったが，仕事と育児の両立の難しさでやめた」が26.1％であった．仕事との両立が難しい具体的な理由としては，「職場に両立を支援する雰囲気がなかった」や「育児休業をとれそうもなかった」などが挙げられ，職場が出産や育児を支援することの必要性が認められる．

　子育て応援企業数の目標1位の岐阜県では，「岐阜県子育て支援企業」に登録した企業に対し，県内の金融機関から，所定の利率よりあ

---

(40) 厚生労働省「仕事と家庭の両立支援対策について」（平成27年3月2日）を参照.

る程度優遇された金利で融資を受けられるなどのインセンティブを用意している．さらに，そのなかでも特に優良な取り組みや他社の模範となる独自の取り組みを実施する企業を，「岐阜県子育て支援エクセレント企業」として認定し，他の企業のロールモデル（模範）として周知している．これに認定されると，県庁物品の調達での優遇など，通常の子育て支援企業以上のインセンティブを享受できる仕組みであり，企業側へのメリットを明確に示すことで登録企業数を伸ばしている．

　2位の長野県でも，「社員の子育て応援宣言」を行った企業に対し，社会貢献を果たしている企業・事業所として，県の入札で評価点を加算したり，融資の際の金利を優遇したりと，さまざまなインセンティブを用意している．

　3位の宮崎県では，「仕事と家庭の両立応援宣言」を行った企業・事業所を登録し，県のホームページや雑誌などでPRしている．仕事と家庭を両立できる職場づくりに関する講演会やパネルディスカッションを実施した結果，2017年3月1日現在で880件が登録され[41]，総合戦略上の目標値をほぼ達成している．

---

(41) 宮崎県ホームページを参照．
　　http://www.pref.miyazaki.lg.jp/rodoseisaku/shigoto/rodo/ryourisu1.html

第 3 章

産業振興と起業は すべての基本だ

3.1 企業立地

第3章から第5章までは，それぞれしごと・雇用，UIJターン，結婚・子育てに関して，実際にインタビューを実施した八つの県の取り組みを中心に紹介する．

第3章では，企業立地件数のKPIを設定している都道府県のうち上位に位置する都道府県も含め，筆者らがインタビューを実施した兵庫県，沖縄県，徳島県，三重県，静岡県の取り組み内容を紹介する．

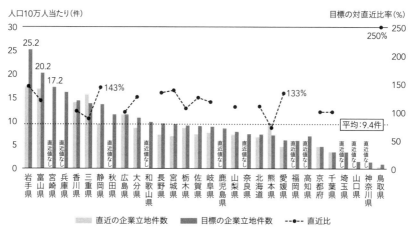

図3-1　企業立地件数 (図2-7再掲)

(1) マザー工場を誘致　～兵庫県～

マザー工場とは単純な組み立て用の工場ではなく，調査・企画・情報処理部門などの本社機能を持つ事務所や，研究開発機能を備えた主力生産拠点のことであり，近年，マザー工場の誘致に力を入れる地方

公共団体が増加している．今まで，苦労して誘致した工場が，人件費の安価な海外に移転するケースが目立ったため，簡単には海外や県外に出ていかない研究開発や量産試作を行うマザー工場誘致に注力するという狙いだ．

　一般的に，マザー工場の移転は本社機能を含む移転になり，単純な工場移転よりも難易度が高いと考えられ，補助金制度以外にも従業員の目線に立った取り組みが必要になる．たとえば，兵庫県には多くの産業集積地があるが，淡路市の北部に位置する，関西国際空港用地の埋め立てに伴って発生した広大な採土跡地を活用した「淡路市夢舞台サスティナブル・パーク」は，企業側の目線に立った特長的な取り組みといえる．この取り組みは，企業，医療機関，商業施設，住宅などを集約し，そこで働くだけでなく，生活ができるようなまちづくりを目指している．パークは，①企業誘致ゾーン，②住宅・商業ゾーン，③医療・福祉ゾーンの三つから構成され，それぞれ特色のあるまちづくりを推進している．

　①企業誘致ゾーンでは，ものづくりを中心とした企業を誘致することで雇用創出を目指しており，2017年時点では4社（大谷鉄工所，プライミクス，オリエンタル製靴，イレブンインターナショナル）[1]を誘致している．②住宅・商業ゾーンでは，「淡路らしいまち」の方向性のもと，地域産材の活用や伝統工芸（瓦，タイル，漆喰など）と調和のとれた外装素材を使用するといったデザインコントロールを実施しており，単なる企業集積地ではなく一つの街を形成する取り組みが進んでいる．③医療福祉ゾーンでは，安心・安全に一生涯暮らせるための医療施設や福祉施設の充実を進めており，病院や薬局（24時間ドラッグストア機能を兼ねたコンビニエンスストア［食堂併設］）を誘致している．

　この取り組みの特長は，一般的な産業団地とは違い，誘致する企業のみならず従業員の生活にも着目して，職住一体のコンパクトなまちづく

---

[1] ひょうご・神戸投資サポートセンターHPを参照．
http://www.hyogo-kobe.jp/his/modules/pico/index.php?content_id=106

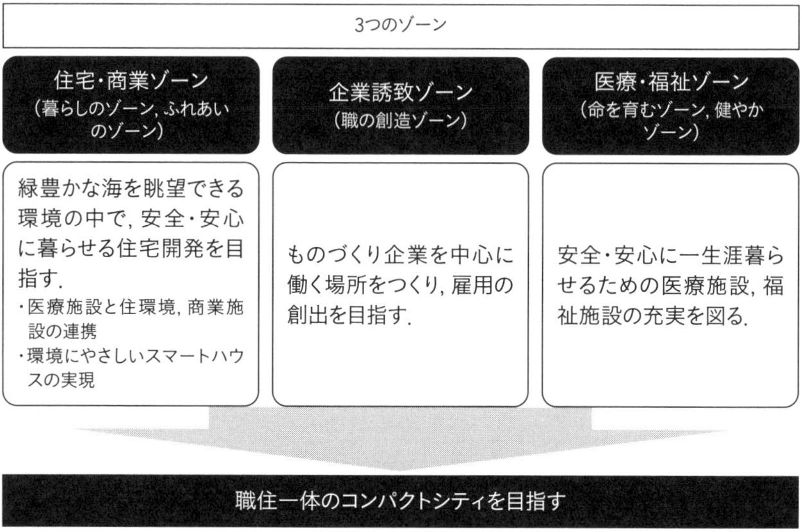

	3つのゾーン	
住宅・商業ゾーン （暮らしのゾーン，ふれあいのゾーン）	**企業誘致ゾーン** （職の創造ゾーン）	**医療・福祉ゾーン** （命を育むゾーン，健やかゾーン）
緑豊かな海を眺望できる環境の中で，安全・安心に暮らせる住宅開発を目指す． ・医療施設と住環境，商業施設の連携 ・環境にやさしいスマートハウスの実現	ものづくり企業を中心に働く場所をつくり，雇用の創出を目指す．	安全・安心に一生涯暮らせるための医療施設，福祉施設の充実を図る．

職住一体のコンパクトシティを目指す

図3-2　淡路市夢舞台サスティナブル・パークの構成

りを行っている点である．総務省統計局の調査によると，全国の都道府県のうち通勤に30分以上かかる世帯の割合は，神奈川県が約70％と最も高く，兵庫県も約56％と高い状況にある[2]．全国平均が約45％ということから判断しても，兵庫県で働く人々の通勤時間は長いことが分かる．「淡路市夢舞台サスティナブル・パーク」のある淡路島でも，神戸や大阪の都市部に通勤するケースが多く，通勤時間が長い傾向が見られる．特に南あわじ市では，通勤費用の助成を実施するほど島外への通勤者が多い．この取り組みでは，企業誘致ゾーンに隣接して住宅・商業ゾーンが整備されているため，従業員にとって通勤ストレスの少ない労働環境が提供できると考えられる．また，「淡路市夢舞台サスティナブル・パーク」では，そこに集う人々のターゲット層をいくつか想定しており，そ

---

[2]　総務省統計局「家計主の通勤時間別家計主が雇用者である普通世帯数──3大都市圏，都道府県（平成20年）」を参照．http://www.stat.go.jp/data/jyutaku/2008/nihon/4_3.htm

のなかには「地元の若い世代」も含まれる．ターゲット層を示すことで，企業の移転に伴い，県外から従業員を連れてくるだけでなく，地元人材の雇用も企業誘致を促進する効果があると考えられる．実際に移転した企業のなかには，従業員の多くを地元の人材から雇用するケースもあり，雇用創出の面でも地域経済に好影響を与えている取り組みといえる．

　企業側への補助金の支援とともに，そこで働き生活する従業員の目線に立った取り組みは，従業員のワークライフバランスを充実させることにつながる．補助金での支援は全国の都道府県で実施しているため，今後他の都道府県と差別化を図るためにも，兵庫県の例は特長的といえる．最近では，2016年にキユーピーが，東日本のマザー工場である茨城県の五霞工場に対して，西日本のマザー工場として兵庫県神戸市に工場を新設すると発表し，2017年の完全稼動を目指して準備を進めるなど，兵庫県への企業立地が進んでいる．

（2）IT企業でアジアとの架け橋　～沖縄県～

　続いて，同じような産業集積地の例として，沖縄県の「沖縄IT津梁（しんりょう）パーク」を紹介する．沖縄IT津梁パークは，沖縄県が国内外の情報通信関連産業の一大拠点の形成を目指し，アジアとの津梁（架け橋）機能や高度な人材育成の機能を備えた施設として，2010年に沖縄県うるま市に建設したものである．工場の集積地ではないものの，沖縄県の実情に即した企業立地を促進している点が特長的だ．

　「沖縄IT津梁パーク」は，企業の業務スペースとともに，共有の会議や研修スペースなどの施設によって構成されており，2017年時点で25社以上の企業が入居している．業種はコールセンターをはじめ，ソフトウェア開発や保守，アプリのコンテンツ制作会社など多岐にわたる．この取り組みではこれらの企業を誘致することにより8,000人の新規雇用の創出を目標にしており，図3-3に示す三つの基本理念と五つのコンセプ

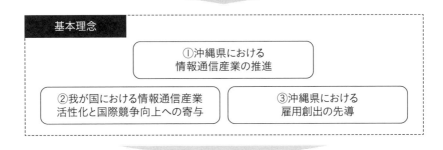
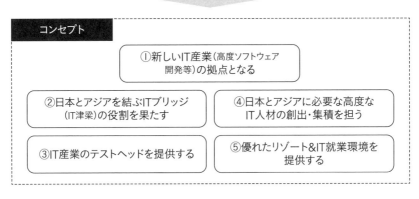

図3-3 沖縄IT津梁パーク 基本理念とコンセプト
(沖縄IT津梁パークHPをもとに作成)

トを掲げている.

　この取り組みの特長は，今まで沖縄県の雇用創出の中心を担ってきたコールセンター以外の企業の誘致にも力を入れている点である.

　沖縄県は，戦略産業として情報通信産業の振興に注力しており，多くの情報通信関連企業が集積している．そのなかでも，特に雇用を生みだしている業種はコールセンターであり，2016年1月までに沖縄県に立地した情報通信関連企業の業種別（情報サービス，コールセンター，コン

テンツ，ソフトウェア開発，その他）の雇用者数をみると，コールセンターでの雇用者数が，情報通信関連企業全体の雇用者数の約65％を占めている[3]．しかし，沖縄県の情報通信産業は下請け的な業務が中心であり，高い付加価値を生む人材が不足しているという課題があり，経済産業省の「平成25年度特定サービス業実態調査」によると，沖縄県の従業員1人当たりの年間売上高は全国平均の5割弱という低い状況である．

　沖縄IT津梁パークの基本理念やコンセプトからは，このような課題を意識して，沖縄県の情報通信産業の高度化や，高付加価値を生む人材の育成に注力する姿勢が読みとれる．実際，沖縄IT津梁パークに進出した企業には，コールセンター以外にもソフトウェア開発やコンテンツ制作などの業種が目立ち，今後は，情報通信産業クラスターの構築が進んでいくものと考えられる．従来のコールセンターでの雇用創出だけでなく，他業種の発展も促進することで，沖縄県の情報通信産業全体の発展と，雇用創出につながっていくことが想定される．

（3）LEDバレイ構想　〜徳島県〜

　徳島県では，クリエイティブ関連産業の集積を図るために，「二つの光＋α」をコンセプトに掲げた取り組みが行われている．「二つの光」とは，LEDと光ブロードバンドを指しており，LEDに関しては，世界最大級の生産拠点が立地する優位性を活かした「LEDバレイ構想」を，光ブロードバンドに関しては，サテライトオフィスやテレワークなどを推進している．サテライトオフィスやテレワークについては，4.2の「移住促進」で述べることとし，ここでは「LEDバレイ構想」について紹介する．

　徳島県は，2005年12月に「21世紀の光源であるLEDを利用する光

---

[3] 沖縄県ホームページ「2015-2016 情報通信産業立地ガイド」を参照．

（照明）産業の集積」を目指す「LED バレイ構想」を策定し，工場・研究所の集積，高度技術者の育成や先端技術の研究開発を行う拠点の形成に向けて取り組んでいる．2010 年には LED 関連企業の集積数が 100 社を超えるなど，順調に企業の集積が進むなか，2011 年からは 100 社の集積によるスケールメリットや企業間のシナジー効果を発揮して，LED 産業クラスターの形成を促進するために，次の段階に向けた行動計画を構築している．

LED 関連企業に力を入れている取り組みとして，徳島県には企業立地補助制度がある．具体的には，他の企業への補助限度額は 10 億円前後，補助率は 10％前後が多いなか，LED 関連企業に対しては補助額最大 15 億円，補助率 20％と大幅に補助金額が増えている．さらに，工場の新設・増設を問わないこと，1 工場当たりの通算限度額や通算補助限度回数を設けていないことを特長としており，工場を新たに増設するたびに何度でも補助制度を活用できる．

補助制度の他には，LED とアートを融合させ，県内大学や芸術家の作品を展示する「LED アートフェスティバル」や徳島大学などと連携した学術的取り組みを発表する「LED 総合フォーラム」などのイベントを開催している．徳島県では，このような取り組みを通じて「LED と言えば徳島！」というブランド構築を目指している．

また，既存の照明メーカーにとどまらず，さまざまな業態や分野から LED 市場に参入が相次いでいることから，それらの成長分野への参入支援も実施している．たとえば，「とくしま植物工場推進検討会」では，LED 照明が農産物に及ぼす影響について研究が進められており，葉菜類については，高輝度白色 LED 照明を用いることにより，葉が大きく育つ傾向があることなどが判明している．実際，植物工場用の野菜の水耕栽培プラントを開発し，ビジネス化している民間企業も出現している．この企業の LED 植物工場では，温度センサー，湿度センサー，CO_2 センサーなどの各種センサーやカメラが配置され，作物生育画像や温

第3章　産業振興と起業はすべての基本だ

図3-4　LEDバレイ構想(次段階向け)の概要
(「徳島県LEDバレイ構想ネクストステージ行動計画」(平成23年7月)をもとに作成)

度，湿度，二酸化炭素といった作物栽培環境データを自動収集して生育状況を把握している．さらには，これらのデータを解析し，栽培作物ごとに最適な栽培レシピを作成することで，栽培者の技量に左右されない一定した品質管理を進めている．

　LEDを用いたこのような栽培では，LEDの色（波長）をコントロールすることにより，農産物の味やビタミン，ポリフェノールなどの特定の栄養成分を多くするといった付加価値の高い作物の生産が可能になるというメリットがあるが，コストがかかりすぎるというデメリットも残されている．設置コストを比較すると，LED栽培工場は，ビニールハウスの生産施設の約17倍，光熱費などのランニングコストは約47倍になるともいわれている．コストを抑える技術革新や行政による支援制度の充実により，LED栽培工場や関連企業の集積も可能になると考えられる．

（4）農業で産学官連携　〜徳島県〜

　LED以外にも，徳島県は，農業が盛んな地域でありながら中四国エリアで唯一農学系の学部がなかったが，2016年に地域の農林水産資源を活用した新たな産業の創出に資する人材を育成する「生物資源産業学部」が徳島大学に新設された．ここでは，農業を1次産業としてだけでなく，加工などの2次産業，サービス・販売などの3次産業も含めた一体の産業として考える6次産業化を担う人材の育成を行っている．卒業後には，就農や起業といった進路も選べるように，農業経済学の教員を配置するなど，若い就農者を支援する取り組みも行われている．2015年に実施された徳島県の飯泉嘉門知事と徳島大学の香川征学長（当時）との対談においても，生物資源産業学部の新設は，徳島県の農林水産業および関連産業の発展に大いに貢献するものとして期待されている．

　この学部では，さまざまな資格を取得できるが，そのなかでも特徴的なものに「食の6次産業化プロデューサー」が挙げられる．この資格は，地域の農林水産物を活用した加工品の開発，消費者への直接販売，レストランの展開など，食分野で新たなビジネスを創出するための職能レベルを認定するものであり，食の6次産業化を担う人材の育成のために制定されたものである．徳島大学生物資源産業学部は「食の6次産業化プロデューサー（レベル3）」育成プログラム教育研修機関として，西日本の大学で初めて認証されており，学生の技術向上により企業にとっても有力な人材を育成できる環境が整っていると考えられる．

（5）設備投資もマイレージで　〜三重県〜

　三重県には，企業立地の際，少額の設備投資をポイント化し「マイレー

表3-1 マイレージ制度 交付要件一覧

	交付要件/補助額	パターン1	パターン2	パターン3
交付要件	投資要件 (建物,機械,設備などの償却資産 (土地は対象外))	5億円以上 (研究開発 2億円以上)	500億円以上	1000億円以上
	雇用要件 (立地に伴って増加する 常用雇用者)	5人以上	100人以上	200人以上
補助額 (総額)		10%等 (上限5億円)	15億円(定額)	30億円(定額)

(三重県企業投資促進制度をもとに作成)

ジ」としてためることができる制度がある．この制度は，1回の投資で補助金の支給要件を満たさない場合でも，設備投資額や雇用者数をポイント化し，累計で要件を満たせば補助金支給対象とするものであり，三重県が全国で初めて制定した制度である．多くの地方公共団体は，大規模な企業誘致向けの補助金制度を用意しており，三重県も2004年に亀山市に大規模な工場を誘致するなど，以前は他の地方公共団体と同様の取り組みを実施していた．しかし，その後，誘致した大規模工場の撤退や縮小を経験し，大規模な企業誘致だけでなく，県内の既存企業の小規模投資にも着目したマイレージ制度を制定した．この制度は3パターンの交付要件のいずれかを，5年間の投資の累計で満たせば補助金が支給される仕組みとなっている（表3－1）．

この取り組みの特長は，新規立地への支援ではなく既に操業している企業向けの再投資支援制度という点だ．既に県内に根を張って操業している企業であれば，県外転出の可能性は新規に比べて低く，マイレージ制度のような投資を繰り返すほどメリットのある仕組みをつくれば，県内にて雇用を創出することになり，地域経済の活性化につながるということだ．

（6）大規模投資への支援　〜兵庫県〜

　三重県の小規模投資に着目した取り組みとは逆に，大規模投資向けの兵庫県の取り組みを紹介する．兵庫県は，企業の設備投資に対する補助額に上限を設けていない．限度を設けていないのは全国の都道府県で兵庫県だけの特長ある取り組みである．表3－2にあるように，補助率は設備投資額（土地を除く）の3〜7％と，他の都道府県と比較すると高い割合ではないものの，他の都道府県では数億円〜十数億円程度の上限が設定されていることが多い．このことから大規模投資を行う企業にメリットのある取り組みといえる．

　帝国データバンクの「地方創生に関する投資意向調査」によると，企業が移転する際に重視する条件は，交通利便性や用地の価格，労働力の確保，地方公共団体の補助制度などを挙げている．交通利便性や用地の価格については，首都圏からアクセスしやすく，土地の安い都道府県が多数あるため，それだけでは移転先としてのアピールには十分といえない．労働力についても同様に，労働人口の多い都道府県は多数あり，アピールポイントとしては不十分だ．設備投資の補助額に上限を定めない兵庫県の企業立地支援は，企業立地件数の目標値を達成するための有力な取り組みと推察され，大規模投資により雇用増大や消費拡大などの地域経済の活性化も期待できる．

　兵庫県が公表している地域創生戦略の実施状況報告書（平成27年度）によると，2015年度の企業立地件数の達成率は約107％を記録しており，順調に推移している．実際に，2015年には，攪拌機メーカーであるプライミクスが，大阪本社工場および埼玉工場を集約し，兵庫県姫路市に本社・工場を移転するなどの実績が増えてきている．今後も，このような都市圏からの移転が継続することで，都市圏と地方との人口の偏りを是正することにつながっていくだろう．

表3−2　設備投資に関する支援内容の比較

—	兵庫県	岩手県	富山県	宮崎県
補助率	3〜7%	10〜30%	10〜20%	2〜8%（新設のみ）
上限	無し	3億円	1〜30億円	2〜50億円

（企業立地件数の目標値が高い都道府県の一例）

　兵庫県も人口が転出超過である都道府県である．政令指定都市の神戸市があっても，2012年から人口が減少しており[4]，首都圏や近隣の衛星都市への人口流出の傾向が見られる．企業誘致の取り組みの推進によって，神戸市はもとより兵庫県全体の転入者数の増加が期待できる．

（7）しごとと暮らしの融合　〜静岡県〜

　静岡県には，「『内陸のフロンティア』を拓く取組」がある．
　これは，東日本大震災で表面化した沿岸部の災害に備えるため，防災・減災と地域成長の両立を図ることを目的としたものだ．政府の南海トラフの巨大地震がもたらす津波高・浸水域についての報告によると，静岡県の沿岸部23区域のほとんどが10メートルを超える津波高になるとされており，県内の人的被害は国全体の3分の1にものぼる約11万人，津波による建物全壊は約32万棟とされている．
　「『内陸のフロンティア』を拓く取組」は，次の三つの戦略から構成されており，それぞれに四つの基本目標を定めている（図3−5）．

【戦略1】沿岸・都市部のリノベーション（再生）
　県民の生命・財産を守るため，沿岸域の減災対策を最優先として，都市の防災機能を高めていく．また，移転により発生する空間を活用

---

[4]　神戸市「神戸2020ビジョン」を参照．

し，水と緑に溢れた都市空間を形成し，災害に強い地域づくりを推進する．
【戦略2】内陸・高台部のイノベーション（革新）
新東名高速道路のIC（インターチェンジ），SA，PA周辺の一定地域で，新しい産業，自然と共生する「里山」のライフスタイルなどこれまでにないまちづくりを推進する．
【戦略3】多層的な地域連携軸の形成
地域全体の均衡ある発展のため，沿岸・都市部と内陸・高台部が連携・補完するよう交通・情報ネットワークを整備する．

　具体的に，【戦略1】に関しては，袋井市で沿岸域の事業所撤退跡地の農地化を推進したり，磐田市でメガソーラーや植物工場の設置による再生可能エネルギーの新産業の創出を目指している．【戦略2】の例としては，内陸の三島市での箱根西麓三島野菜の6次産業化推進や，藤枝市での農産物直販所と農家レストランを連携する「生産型市民農園」開設といった農業関連の取り組みも目立つ．【戦略3】では，東名高速を活用する陸路での物流ネットワークのみならず，富士山静岡空港における空港貨物利用の促進，清水港や田子の浦港や御前崎港の機能強化によって，空路や海路での物流ネットワークの充実を図るということだ．
　また，静岡県は，この取り組みのなかで「内陸フロンティア推進区域」を設置し，用地購入の際の補助率引き上げや安全対策費の助成といった財政支援や貸付に対する利子補給といった金融支援を民間企業向けに実施している．また，地域づくり構想など，策定支援アドバイザーの派遣といった技術支援を市町向けに実施し，成長分野の工場や研究所・物流施設などの企業誘致を促進している．とりわけ力を入れているのは，新東名高速道路を活用する物流業や，富士山伏流水を活用する医薬品・医療機器関係の企業である．特に医薬品・医療機器関係は，2001

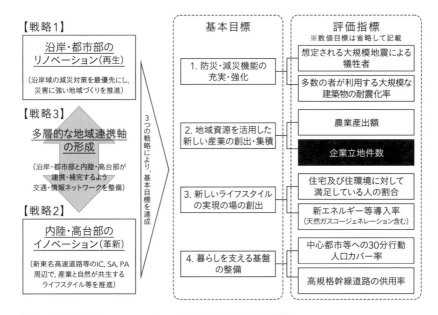

図3-5 「『内陸のフロンティア』を拓く取組」の目標構造
(「『内陸のフロンティア』を拓く取組」 ふじのくに防災減災・地域成長モデル(全体構想)改訂版をもとに作成)

年から富士山麓地域にファルマバレーと呼ばれる「医療・健康関連産業集積地域」を構築するなど積極的に取り組んでいる.

実際，2014年にはスズキの製造工場が，2016年にはテルモの開発製造拠点などが静岡県内に移転しており，企業立地件数が増加してきている．その他にも，内陸フロンティア推進区域において基準を満たす住宅地開発には，公共施設部分の整備に対し補助を実施するなど，単なる企業立地だけでなく居住する住民の暮らしも向上させる「豊かな暮らし空間創生住宅地」の実現を支援している.

この取り組みでは，防災・減災対策を最優先としつつ，新旧二つの東名高速道路の存在や東京圏までの距離の近さ，富士山の伏流水などの地理的利点を有効活用している．また，内陸フロンティア推進区域での技術支援・財政支援・金融支援のサポートで企業や市町側を支援する

とともに，「豊かな暮らし空間創生住宅地」で住民側への支援も実施するという特長がある．

（8）従業員や住民が住みやすい職住一体〜静岡県と兵庫県〜

同様に，住民の暮らしにも着眼した取り組みとして，静岡県で活動するNPO法人が行う「ドット・ツリープロジェクト」や兵庫県の「淡路市夢舞台サスティナブル・パーク」が挙げられる．

「ドット・ツリープロジェクト」は，伊豆市の修善寺にあるコンセプト賃貸住宅のことであり，「経済 伊豆を元気にするビジネス連携」，「行動 伊豆を元気にする交流企画」，「人材 伊豆を元気にする人材を発掘」という三つの方向を定め，集まった人で伊豆を元気にして儲かる仕組みを創ることを目的としている．この取り組みは，12戸の住宅（2LDK）とそれに併設された小規模のオフィス（15㎡）から構成されており，それらをセットにした賃貸契約を結ぶことになっている．特長的なのは，事業や取り組みを連携させて新たなビジネスを創出するために，1業種1社限定という条件を定めている点である．実際に，カメラマンやウェブデザイナーなどの異業種が入居しており，月に一度行われるランチミーティングなどのイベントによって協働のきっかけがつくられている．実際，カメラマンとウェブデザイナーが連携して地域の事業者からHP構築の仕事を受注するなど，入居者同士の連携は活発に行われている．

兵庫県の「淡路市夢舞台サスティナブル・パーク」は，企業，医療機関，商業施設，住宅などを集約し，一つの街として整備する取り組みである．本節の最初で述べたように，通勤に30分以上かかる世帯の割合は全国平均が約45％で，兵庫県が約56％と比較的高い．この取り組みでは，企業誘致ゾーンの近くに住宅・商業ゾーンや医療・福祉ゾーンを整備することで，従業員に通勤ストレスを感じさせない内容になっている．実際，企業誘致ゾーンは4社の企業が進出しており，従業員の多く

を地元で採用するなど，地域経済に好影響を及ぼす取り組みになっている．

　静岡県の「ドット・ツリープロジェクト」と兵庫県の「淡路市夢舞台サスティナブル・パーク」は，規模は違えど"職住一体となったまちづくり"という点で共通している．その一方で，兵庫県には，「二地域居住」という"職住分離"を推進する取り組みも存在する．具体的な施策として，遊休農地を家庭菜園などとして利用する際，農園施設整備費用や農地近くの空き家の改修費用の一部を助成する「田舎暮らし農園施設整備支援事業」が開始されている．特に神戸市は，都市部でありながら里山までの距離が近いので，仕事は都市部で週末の居住は里山でといった"職住分離"を推進している．

（9）まとめ

　企業立地に関する取り組みは補助金による支援策が目立つ．補助金を用いての支援自体は真新しいものではないが，そのなかでも，企業立地に関する兵庫県の補助額に上限を定めない取り組みや，逆に三重県の少額投資向けの取り組みといったユニークなものも存在した．
　このような取り組みの方向性の違いは，各都道府県のこれまでの政策結果によるものと考えられる．たとえば三重県では，過去に亀山市に数十億円をかけて大規模工場を誘致したが，その後の経営不振によって工場は縮小，雇用数は全盛期の半分になってしまったという経験があるため，マイレージ制度といった「大企業に依存しすぎない」企業立地政策に転換していった．三重県と兵庫県の両極端な取り組みであるが，共通していえることは「ターゲットを定める」ということだろう．地方公共団体の取り組みでは，広く浅くといった内容が求められることは承知のうえだが，そのなかでもターゲットを絞った取り組みを行うことで，企業の移転先の候補にあがる可能性が増える．現在，多くの都道府県が企業

立地の目標を設定し，どの都道府県の支援内容も大差が見られない状況だからこそ，何か一つの特色で頭一つ抜きん出ることが地方公共団体にとってのチャンスと考えられる．

3.2 創業支援

　ここでは筆者らがインタビューを行った山口県，秋田県，三重県の創業支援の取り組みについて紹介する．

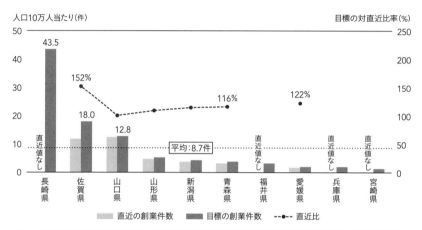

図3-6　県の支援による創業件数（図2-9再掲）

（1）女性の創業　～山口県～

　山口県には，女性への創業支援に特化した「女性創業応援やまぐち（通称WISやまぐち）」がある．このWISやまぐちは，2015年に山口県，山口銀行，県内企業の共同出資により設立され，女性起業支援事業や経営コンサルタント事業や研修事業を行う企業として活動している．
　全国的にも女性の社長数は増加傾向にあり，2010年からの5年間で約1.6倍に増加[5]している．女性の創業が進んでいるが，創業の際には資金不足，経営ノウハウ不足，信用不足などのリスクが伴う．そのため，WISやまぐちでは，数ヵ月分の人件費や経費を女性創業者に前払いし

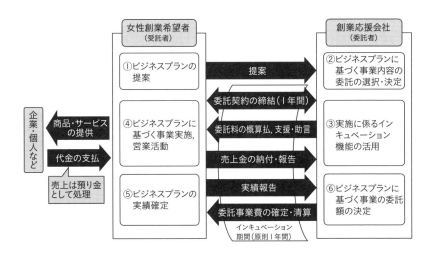

図3−7　WISやまぐち事業スキーム
(「平成28年度 女性創業応援やまぐち株式会社　創業事業計画書募集要領」をもとに作成)

て創業1年目の運転資金を支援することに加え，経営相談，経営指導，ビジネスパートナーの発掘やマッチングの支援を実施している．

　具体的な仕組みとしては，女性創業希望者はWISやまぐちに対してビジネスプランを提案し，それが採択された場合，WISやまぐちと1年間の委託契約を締結する．女性創業者は受託者となり，事業計画にて算出した経費分をWISやまぐち（委託者）から委託料として前もって受け取り，毎月の売上金をWISやまぐちに納付する．ただし，当初の事業計画以上に売上があった場合，その超過売上部分は女性創業者とWISやまぐちが折半することになっており，計画以上に売上を伸ばすモチベーションについても配慮されている．

　この取り組みには，次の二つの特長がある．

----

(5)　東京商工リサーチ　『2015年「全国女性社長」調査』を参照．
　　http://www.tsr-net.co.jp/news/analysis/20160616_01.html

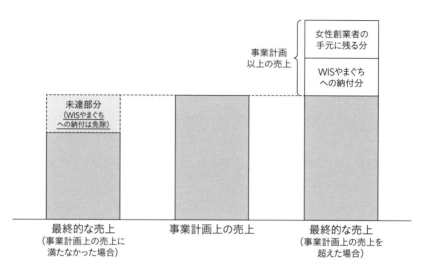

図3−8 WISやまぐちへの売上の納付について

　一つ目は，やはり女性に特化した支援という点だ．2016年4月に女性活躍推進法が施行されるなど，女性の社会における活躍が注目されるなかで，県をあげて女性創業希望者を支援することは他の都道府県には見られない．また，女性の創業者数は増加しているものの，東京都，大阪府，神奈川県などの大都市を有する都道府県に多く，地方では少ない[6]．このような状況で，山口県の女性創業希望者への支援は，大都市を有しない都道府県における先進事例になりうるだろう．

　二つ目は，1年目の運転資金として委託料を前もって受け取ることができ，実際の売上が当初の事業計画の売上に満たない場合は差額の納付が免除されるため，低リスクで創業できるという点だ．一般的に，創業後1年以内に約40％が倒産し，2年目でさらに15％が倒産するといわれており[7]，中小企業庁発表の統計によると倒産原因の大部分が

----

(6) 東京商工リサーチ 『2015年「全国女性社長」調査』を参照．
　　http://www.tsr-net.co.jp/news/analysis/20160616_01.html

「販売不振」[8]であることから，運転資金の不足による倒産が多いことが分かる．このような状況のなかで，売上の多寡にかかわらず1年目の運転資金が保証されることは大きな利点である．

　これまで2015年に鍼灸院や日本酒販売など6件が，2016年には新たに2件が採択され，WISやまぐちの支援を受けて経営をしている．インタビューで確認したところ2015年に採択された6件の収支状況は良好であるとのことで，WISやまぐちの支援により順調に経営が行われていることが分かった．

　この取り組みへの申し込みは県外からでも可能であるが，創業時には山口県に住所を移す必要があるため，県外の女性創業希望者がWISやまぐちを活用する際は移住することになる．遠方の都道府県在住の女性創業希望者にとっては，「創業」のみならず「遠い土地への移住」も決断する必要があるが，WISやまぐちの創業支援が移住にもプラスの効果になることを期待したい．

（2）土着ベンチャー（ドチャベン）　〜秋田県〜

　秋田県は，創業件数に関するKPIは設定していないが，序章でも紹介したように「ドチャベン・アクセラレーター」と呼ばれる特長的な取り組みを行っている．

　ドチャベンとは土着ベンチャーの略称で，地域の資源を活用し，地域の課題を解決することを狙いにした起業家を支援する取り組みである．この取り組みでは年に1回ビジネスプランコンテストを行い1位のチームに対し100万円の支援金を進呈するなどの支援を実施しており，秋田県の委託により民間企業が運営している．具体的には，「セミナー・現地プ

---

(7) 女性創業応援やまぐち株式会社 ホームページを参照．https://wisy.co.jp/
(8) 中小企業庁「倒産の状況」を参照．

スケジュール	2016年7月〜	2016年10月〜	2017年1月〜	2017年4月
	セミナー・現地プログラム	ビジネスプランコンテスト開催	起業家育成プログラム	事業開始
対象者	地域ビジネス・起業に興味のある方	県外在住者，または，応募時点で秋田県内に居住して36ヶ月未満の方 等	ビジネスプランコンテストにて選出された団体	
内容	■オリエンテーション プログラム全体の説明会，昨年度コンテスト受賞者によるスピーチ等 ■ローカルビジネススクール 有識者による公演等 ■現地プログラム 鹿角市，湯沢市におけるワークショップや地場企業との懇親会等を開催	鹿角市・湯沢市で起業する土着ベンチャー(ローカルベンチャー)向け，ビジネスプランコンテストを開催 自治体別に1〜3団体選出し，各地域1位には100万円の支援金を進呈	「秋田産業サポータークラブ」や，県内外の起業家・起業支援組織・金融機関等との連携を通じて，各分野に精通したメンターをマッチング 行政機関(秋田県，鹿角市，湯沢市)より，県内におけるネットワーキング，オフィス・住宅・地域との交流をサポート	

図3-9　ドチャベン・アクセラレーターの構成(2016年度)
(ドチャベン・アクセラレーターのHPをもとに作成　http://www.dochaben.jp/)

ログラム」，「ビジネスプランコンテスト」，選抜されたチームが参加する「起業家育成プログラム」の3部で構成され，説明会やビジネススクールなどの「セミナー・現地プログラム」でビジネスプラン構築の前段階の支援を行う．「ビジネスプランコンテスト」を通過した創業を目指すチームは，「起業家育成プログラム」に移行し，具体的な創業支援を受けることができるという仕組みだ[9]．

実際，2016年には，秋田県産フルーツの定期販売事業や県産材を使用した家具の販売業など，コンテストを通過した4チームが起業にいたっており，これに呼応する活動を行うために移住する人も見られるなど，人が人を呼ぶ好循環が生まれている．

この取り組みの特長は，コンテストを通過した創業を目指すチームに

----

[9] 2016年度は鹿角市と湯沢市で創業を目指すチームを対象に実施．

のみ具体的な創業支援を実施する点である．

　すべてのチームに広く浅い支援を行うのではなく，コンテストを通じて創業プランが優秀なチームを抽出し，対象を絞り込むことで，より高度な支援を行うことができるメリットがあると考えられる．たとえば，コンテスト通過チームには，県内外の起業家・起業支援組織・金融機関と連携し，3〜5名の分野ごとの専門家と各チームとのマッチングを行ってメンターをアサインするなど，きめ細かい創業支援を実施している．

　コンテストへの参加条件には，応募時に「秋田県外在住者であること，または秋田県内に居住して36ヵ月未満であること」という内容が含まれる．そのため，創業者は近くに相談できる人材やコミュニティが乏しい状況が想定されるが，このようなメンター制度は県外からの創業者にとって心強いものになるだろう．一方で，創業支援の説明会やビジネススクールも開催しており，コンテストへの参加準備からすべての創業希望者に応えられる施策になっている．

　なお，NPO法人ふるさと回帰支援センターの移住希望地ランキング2015年版で，秋田県は東北地方のなかで1位（全体8位）という高い順位に位置している．ドチャベン・アクセラレーターのような「起業しやすい環境」を整え，創業希望者を支援することで，移住者数の増加も見込むことができる取り組みといえるだろう．

（3）知事のトップセールス　〜三重県〜

　「和食」がユネスコ無形文化遺産に登録されるなど，世界的に日本文化が注目されるなか，三重県では伊勢志摩サミットが開催され，知名度が向上している．このような状況を絶好の機会と捉え，三重県では農林水産物や加工品の海外輸出に力をいれており，生産者・製造者にとって，販路の拡大につながる取り組みになっている．一般的に，生産者・製造者はネットワークや販売ノウハウが乏しく，自力での販路開拓がな

かなか難しい．このような状況を打破するため，三重県では特に，鈴木英敬知事が前面に立って県産品のトップセールスを行っている．

「みえ国際展開に関する基本方針」のなかで，海外展開の重点国や地域を設定しており，鈴木知事はこれらの国を訪問して，国際見本市への出展，現地スーパーへの売り込みといったトップセールスに熱心だ．このなかで，香港と台湾における取り組みについて紹介する．

・香港での取り組み

　三重県で創業した代表的な企業に，イオンがある．現在，イオンは海外展開を果たしているが，なかでも香港の「イオンスタイルコーンヒル店」は，世界中のイオンのなかで屈指の売上高を誇るといわれるほど販売力が大きい．鈴木知事は，同店における三重県産品の物産展を提案し，2016年1月には三重県フェアが開催され，多く三重県産品が販売された．このイベントでは，事前に海外市場への販路開拓に意欲のある三重県内に本社または営業所などを有する企業・団体を募集し，松阪牛や牡蠣，米，東紀州のみかんなどさまざまな県産品を取り扱う企業が参加した．特に，松阪牛は，このフェアによって初めて香港へ輸出されるなど，販路拡大に好影響をもたらしているといえる．

　同年11月にも三重県フェアを開催し，伊勢海老，お茶，みかんなどの食品だけではなく，真珠，伊勢木綿といった伝統工芸品も初めて出展した．

　なお，鈴木知事は，同じく伊勢志摩サミット開催により関係を深めたベトナムでもセールス活動を実施し，2017年11月のイオンベトナムでの三重県フェアに向けて準備を進めている．

・台湾での取り組み

　台湾は三重県と観光協定を締結するなど，関係の深い国の一つである．台湾では，ランタンフェスティバル（旧正月のシーズンに開催される台

湾の代表的なお祭り）に三重県のランタンを出展したり，自ら物産展を開催したりするなど積極的に交流を図っている．2016年に，「三井アウトレットパーク台湾林口」で，日本の地方公共団体としては初めて3月に物産展「三重県フェア」を開催し，県内企業の7社が真珠やミカンジュースなど，三重県を代表する商品をPR・販売した．2017年1月には，鈴木知事が再度台湾へ訪問し，2018年に開業予定の「三井アウトレットパーク台湾台中港」（台中市）における物産展の開催に向けて協力要請を行っており，定期的に物産展を開催し三重県産品の需要を底上げしようとする姿勢がうかがえる．

また，国外だけでなく，国内においても鈴木知事によるトップセールスは実施されている．たとえば，2016年9月には，そごう・西武と連携し，西武池袋本店において，「三重のおぼしめし展」を開催し県産品の販売・観光スポットの紹介を行っている．ここでも，鈴木知事は，自身で命名した三重県のブランド米「結びの神」をはじめとする食材の紹介を自ら行うなど，積極的な県産品のPRを実施している．また，このフェアでは，海女文化の発信として，女性の願いなら一つだけ叶えてくれるといわれる「神明神社の石神さん」の祈願箱と願い事を書く用紙を設置したり，女性向けの工芸品や化粧品を販売するなど，女性に焦点を当てたPR活動も実施している．

（4）まとめ

創業支援の取り組みは，創業希望者への事業資金の支援と，経営スキル向上の支援を行うケースが多い．特に，創業の際に必要な資金の工面には，多くの創業希望者が苦労することもあり，資金の支援は最も効果的な支援といえる．しかし，支援する側の資金にも限りがあり，不特定多数の創業希望者にいわゆる"バラマキ"政策を行うことはできな

い．その意味でも，山口県の「WISやまぐち」や秋田県の「ドチャベン」は，支援を受けるまでにビジネスプランの審査やコンテストがあり，より有力な創業希望者をふるいにかけることができる仕組みが特長となっている．

　一方で，創業を考え始めた初期の段階（ビジネスプランがあまり固まっていない段階）の創業希望者も多く存在する．この段階では資金の支援は不可能だが，創業経験者の体験談を聞くことや，セミナーを通じて創業希望者同士のつながりを支援することが，創業件数の向上に役立つと考えられる．「ドチャベン」のローカルビジネススクールはその代表例であり，創業の構想段階で企業の代表者や大学教授の講義を受けることで，その知識や人脈をもとに創業の準備ができれば，さらに創業件数は伸びていくであろう．

　また，地方在住の創業希望者にとって，このようなセミナーやスクールに触れる機会は，都市部に比べてそう多くはない．「ドチャベン」では，講義をサテライトで見ることができ，都市部まで出向かずとも有名企業の代表者の講義を聞くことができる．このように，「都市部で講義を受けて地方で創業」以外にも，地方在住者に，都市部と同等の講義を受けることのできる機会をつくることも重要と考える．

3.3 観光振興

ここでは，入域観光客数のKPIを掲げている都道府県のうち，直近比が高い都道府県のなかで，筆者らがインタビューを行った沖縄県と福井県の取り組みを紹介する．

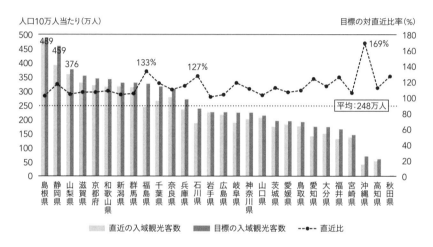

図3-10 入域観光客数(図2-11再掲)

（1）外国人へのおもてなし　～沖縄県～

沖縄県は日本を代表する観光地の一つであり，近年外国人観光客の人気も高い．第2章で述べた通り，2016年には208万人の外国人観光客が訪れ，過去最高数を記録している．沖縄県としても，さらなる外国人観光客の増加のために，クルーズ船の誘致や，地方空港におけるプロモーション展開などに力を入れている．ここでは増加する外国人観光客に迅速に対応するための取り組みを紹介する．

外国人観光客に付き添って，日本国内の観光案内をする資格として

表3-3 沖縄県で活躍する通訳案内士

—	沖縄特例通訳案内士	通訳案内士	地域限定通訳案内士（沖縄県）
役割	沖縄県の個別のニーズに対応するための語学力，知識を備え，簡易な手続きで資格付与	高度な語学能力，案内知識を備え，幅広いニーズに対応	一定レベルの語学力，沖縄県内に関する知識を備え，沖縄県の観光振興などに貢献
取得条件	沖縄県の研修	国の試験	沖縄県の試験
施行日	2012年4月1日	1949年6月15日	2006年4月1日
対象地域	沖縄県内のみ	日本全国	沖縄県内のみ
言語	3ヶ国語　英語・中国語（簡体字・繁体字）・韓国語	10ヶ国語　英語・中国語（簡体字・繁体字）・韓国語・フランス語・スペイン語・ドイツ語・イタリア語・ポルトガル語・ロシア語・タイ語	3ヶ国語　英語・中国語（簡体字・繁体字）・韓国語
登録者数	318名 ※沖縄特例通訳案内士登録簿（更新日　平成29年1月31日）より	65名（沖縄県の登録者数） ※沖縄県通訳案内士登録簿（更新日　平成28年3月31日）より	188名 ※地域限定通訳案内士リスト（平成28年3月31日）より
資格期限	2021年度	期限なし	期限なし

（観光庁「通訳案内士制度について（平成28年1月28日）」をもとに作成）

通訳案内士がある．この資格は国家資格であり，資格取得のためには外国語や日本の地理・歴史などに関する試験に合格する必要がある．通訳案内士のなかには，資格を得た都道府県内でのみ通訳案内を行うことのできる「地域限定通訳案内士[10]」制度もあるが，2012年より，通訳案内士の不足やニーズの多様化に対応するため，より簡易な手続きで資格を取得できる「特例ガイド制度」が導入された．沖縄県はその制度を活用して，「沖縄特例通訳案内士」の資格を新設している．この背景には，外国人観光客が急激に増加したことで，通訳案内士が不足している現状があり，新設された沖縄特例通訳案内士の登録者数は

[10] 2016年1月時点で沖縄県のみ実施（国土交通省観光庁「通訳案内士制度について」より）．

2017年1月時点で318名にのぼり，2012年から順調に増加している．

　この取り組みの特長は，資格取得の条件を緩和している点である．従来の通訳案内士試験の合格率は平均で20％ほどと低く，特に中国語は約7％，韓国語は約12％と，沖縄県への観光客として増加している国の言語の合格率が低い[11]．また，通訳案内士は都市圏に偏在しているという問題もあり，東京都と神奈川県と大阪府で全体の50％を超えている[12]．

　このようななかで「資格要件を緩和した沖縄県限定の資格」として，沖縄特例通訳案内士制度を新設することで，沖縄県内にピンポイント通訳案内を実施できる人材を早急に増やせると考えられる．また，沖縄の通訳案内士に関する内閣府沖縄総合事務局の調査によると，登録言語のうち中国語と韓国語の割合は，通訳案内士の30％なのに対し，沖縄特例通訳案内士は50％以上となっており，今まで特に不足していた中国や韓国の観光客への対応力が強化されるメリットもあるだろう．

　一方で，資格要件を緩和することで，サービス品質の低下も懸念される．試験合格が条件の通訳案内士であっても品質向上が課題となっており，初任研修や更新研修の必要性が指摘されている状況[13]のなか，今後，試験を必要としない沖縄特例通訳案内士では，それ以上の品質向上の仕組みが必要になると考えられる．

（2）恐竜王国福井　〜福井県〜

　福井県の入域観光客数の目標を達成するための特長的な取り組みの一つとして，「恐竜王国福井」のPR活動が挙げられる．福井県は日本

---

(11) 日本政府観光局「平成27年度受験者及び合格者数」を参照．
(12) 観光庁「通訳案内士制度について（平成28年1月28日）」を参照．
(13) 観光庁「通訳ガイドの品質向上・確保方策（案）（平成27年6月11日）」を参照．

における恐竜化石発掘量の8割を占めるうえ，草食恐竜フクイサウルス，肉食恐竜フクイラプトルといった新種も発見されて国際的に認知されるなど，日本国内に類を見ない恐竜化石の産地として知られている．また，福井県内主要観光地における観光客数を比較すると，福井県立恐竜博物館および，かつやま恐竜の森は2010年時点において上位10ヵ所にも入っていなかったにもかかわらず，2015年では東尋坊，一乗谷朝倉氏遺跡に次ぐ3番目まで増加しており，福井県が恐竜化石の産地であることが周知され始めている．

このようななかで福井県は，さらなる「恐竜王国福井」の周知のために「福井県立恐竜博物館のエデュテイメント化（学ぶeducation＋楽しむentertainment）」や「県の公式恐竜ブランドの制作」の取り組みを行っている．

カナダのロイヤル・ティレル古生物学博物館，中国の自貢恐竜博物館と並び世界三大恐竜博物館ともいわれている福井県立恐竜博物館は，通常の展示に加え，恐竜化石発掘現場を目の前にしながら化石の発掘体験ができる「野外恐竜博物館」を開設するなど，学ぶだけでなく，楽しむことのできるコンテンツを充実させることで観光客数を増加させる狙いがある．

福井県では，恐竜ビジネスの活性化およびキャラクターを活かした認知度向上を目指し，2014年に福井県公式恐竜ブランド「Juratic（ジュラチック）」を制作しており，これまでに，大手食品メーカーとのコラボによる食玩，世界的人気キャラクターとのコラボによる福井銘菓（羽二重餅）や文房具など300を超える関係商品が製造・販売されている．また，大手宅配業者と観光PRに関する包括連携協定を締結し，「ジュラチック」や観光情報をデザインした手提げ袋や宅急便ボックスなどにより継続的なブランド発信も行われている．さらに，地域を代表する金融機関では，「ジュラチック」の名前がついたインターネット支店「ジュラチック王国支店」が開設されるなど，ビジネス面のみならず，地元企業のPRにも貢

献している．

　このように，「ジュラチック」を活用した取り組みが，地元に根付いた包括的な取り組みとして発展している．

（3）まとめ

　観光振興は，その土地の観光資源よって取り組むべき内容が異なるケースが多い．しかし，観光資源の違いはあっても，各都道府県の抱える課題は類似していることが多く，各県の地方版総合戦略を読み解くと，「外国人観光客への対応」や「宿泊施設の不足」を課題とするケースが多い．

　外国人観光客への対応では，多国籍言語に対応した観光案内所の設置や，パンフレットの作成，空港や港の整備などがある．そういったハード面での対応が多いなか，沖縄県の通訳案内士の例のように「制度」を考え直す動きは特長的に感じられた．日本における外国人観光客の中心は，中国人や韓国人であるが，彼らの消費志向は少しずつ変化している．中国人観光客の1人当たりの買い物代金は2015年をピークに減少している[14]というデータもあり，爆買いも少しずつ収束していると考えられる．彼らの消費が，モノからコトにシフトしつつあるなかで，通訳案内士のような対人の「おもてなし」がさらに重要になってくるだろう．

　また，特に地方の観光地に多い課題が「宿泊施設の不足」である．その原因としては，季節によって観光客の数が大きく変わることや，日帰り観光が多いことが挙げられる．一年を通じてある程度の安定した観光客数が望めないことには，新たな宿泊施設をつくることは困難であるため，民泊などの新しい宿泊の形を展開する必要が出てくるだろう．

---

(14) 毎日新聞「爆買いに変化…消費減少続く」（2016年10月19日）を参照．

第 4 章

地方に移住して魅力ある生活を

4.1 若者の定住

ここでは，UIJターン就職者数のKPIを掲げている都道府県のうち，直近比が高い都道府県のなかで，筆者らがインタビューを行った秋田県と福井県の取り組みを紹介する．

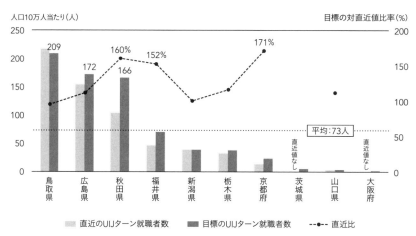

図4-1　UIJターン就職者数 (図2-20再掲)

*1　新潟県：ふるさと回帰する者の数．目標（増加）は現状値と同じとして比較
*2　茨城県，京都府，山口県，鳥取県の目標値は，累計から年間を算出
*3　山口県の直近値は，累計から年間を算出

(1)「A」ターン　～秋田県～

秋田県では，「秋田県出身者も県外出身者もすべて（All）の人が秋田（Akita）で暮らそう」との願いをこめて，UIJターン就職することを「Aターン」と呼び，就職相談窓口や各種支援制度により応援している．この取り組みは秋田県外に住む社会人を対象としており，秋田県ふるさと定住機構にAターン登録を行うと，県内のハローワークやAターンプラ

図4-2　Aターン登録の仕組み
(「"秋田暮らし"はじめの一歩2016」より引用)

ザ秋田に寄せられた求人情報の提供や，就職活動関連イベントの案内，面接交通費の助成などのサポートを受けることができる．特に，Aターンプラザ秋田の求人情報は，Aターン専用の情報もあり，登録のメリットの一つだろう．

　また，県内企業もAターン登録者の情報を得て，面接リクエストを出せるので効率的にマッチングを行える仕組みとなっており，登録者だけでなく，県内の企業にもメリットのある取り組みといえる．

　この取り組みの特長は，学生ではなく社会人に特化した就職支援であるという点だ．公益財団法人秋田県ふるさと定住機構のAターン就職統計情報によると，2015年のAターン就職者のうち，約半分を30代が占めている．経済的に安定し，転職や起業を視野に入れる人が多くなる年齢の社会人にとって，移住は魅力的な選択肢の一つだ．学生向けの取り組み以外にもこのような社会人をターゲットにした就職支援の取り組みにも注力することで，幅広い層に秋田県への移住をアピールできると考えられる．

　Aターン登録数とAターン就職者数の推移を分析すると，2013年度からの3年間でAターン登録数は増加傾向にあり，3年間平均の対前年比は約30％増となっている．その一方で，Aターン就職者数の3年間平均の対前年比は約1％減である．つまり，登録者の増加の割には，就職者が増加していない．おそらく，Aターン登録は行うものの「就職

先が見つからない」や「実際の就職活動を行っていない」などの状況と考えられる．そのため，今後は登録者の就職率を上げるために就職を阻害している要因を調査・分析して対策を講じる必要があるだろう．

(2) プラス1の女性雇用　～福井県～

　福井県には，県外在住の女性の中途雇用に特化した「プラス1女性雇用企業支援事業」という取り組みがある．

　福井県に限った事情ではないが，都市圏以外の若者は，大学進学や就職の事情で県外へ転出してしまうケースが多く，福井県の場合は15歳～24歳の転出数が社会減全体の8割を占めている．実際，福井県のUターン者数は近年微増傾向にあるものの，女性のUターンは減少してきている．2000年では，県外に転出した女性の4割ほどが，就職のためにUターンで県内に定着していたが，2010年にはそれが2割まで減少し，10年間で半分になった[1]．

　このような状況で，UIJターンする女性を増やすために，福井県は女性の中途採用を実施する，「プラス1女性雇用宣言企業」に登録した企業を支援する取り組みを行っており，現在58社[2]が登録している．具体的には，福井Uターンセンターから紹介を受けた県外在住の女性を正社員の「主に事務職」として雇用する企業に対し，3ヵ月間にわたり給与の2分の1を補助するというものである．福井県のふるさと創生室（現・地域交流推進課）によると，職種を「主に事務職」と指定しているのは，「語学やデザインなどのスキルを活かしたい女性の就業先が少ないため，女性が働きたいと思ってもらえるような業務について，県内企業の求人を増やしたい」とのことである．

....

[1]　「福井県の人口の動向と将来見通し」より．
[2]　2017年3月31日時点．

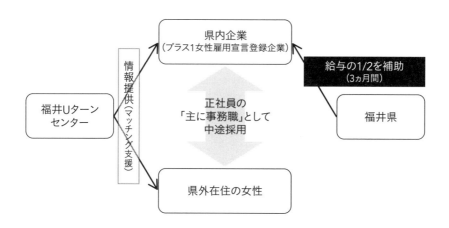

図4-3　プラス1女性雇用企業支援事業の仕組み

　なお，補助対象は「直近5年間の女性中途採用者数の平均を上回った人数分」としているため，今まで積極的に女性の中途採用を行っていなかった企業ほど，補助対象者が多くなるメリットを享受できる仕組みである．

　この取り組みの特長は，主に有効求人倍率の低い事務職に着目したことだろう．2016年1月時点の職業分類別の有効求人倍率[3]を見ると，一般事務の職業の有効求人倍率は0.31であり，他の職種（たとえば，営業の有効求人倍率は1.29）と比較すると大きな差があることが分かる．また，「福井県の人口の動向と将来見通し」によると，女性のUターン意向が高まる条件として多く挙げられている意見は，「希望職種があること」であることからも，女性が希望する事務職などに対する支援は有効だと考えられる．

---

[3] 厚生労働省「一般職業紹介状況（平成28年1月分）について」．

（3）まとめ

　UIJターンによる若者の定住促進の取り組みでは，その地方における就職支援が目立った．特に，秋田県や福井県の例では，学生向けではなく社会人の中途採用向けの取り組みであり，一度都心部に転出した人々を呼び戻すことに力を入れていた．大学が都心部に集中している現状において，高校生までは地元で生活し，進学を機に都心部に転出してそのまま都心部で就職するということが地方の人口減少に拍車をかけていることは事実だ．そのため，都心部で働く若手の社会人をターゲットとした取り組みを行う都道府県が多くなり，各都道府県で特色のある取り組みを指向している．福井県は女性に特化した仕組みとして注目される．今後は，たとえば職種を特定したり，業種を特定したりするなどターゲットを絞ったUIJターンの就職支援が広まると考えられる．

第4章　地方に移住して魅力ある生活を

4.2　移住促進

　ここでは，県の移住支援センターを通じた移住者数のKPIを掲げている都道府県のうち，直近比が高い都道府県のなかで，筆者らがインタビューを行った秋田県と静岡県の取り組みを紹介する．また，本書では紹介していないが，都道府県によっては"県の移住支援センターを通じた"といった条件をつけずに，単に「移住者数」のKPIを掲げているケースもある．そのなかで，高い目標値を設定していた徳島県の取り組みも紹介する．

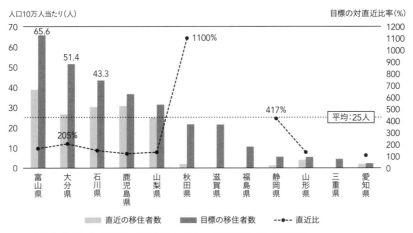

＊　山形県，秋田県，岐阜県，岡山県，徳島県，福岡県の目標値は，累計から年間を算出

図4-4　県の支援による移住者数(図2-19再掲)

（1）子どもの教育環境　～秋田県～

　2.3節で述べたように，秋田県は，NPO法人ふるさと回帰支援センターの移住希望地ランキング2015年版で，東北地方のなかで1位（全体8

位）を記録し，移住地としての人気が高まっている．インタビューを実施した結果，秋田県の人気向上の理由の一つに，「教育環境の良さ」があげられた．その証拠に，秋田県の子どもは学力が高く，2015年の全国学力・学習状況調査では全国1位を記録している．

秋田県の教育環境として，特に次の三つが特長的である．

① 全国で学力調査を実施する前から県独自の学力調査を行い，結果を各学校にフィードバックして改善を行っている
② 知識の詰め込みだけでなく，児童自ら課題を設定しディスカッションを通じて解決策を探る探究型の学習スタイルをとっている
③ 少人数のクラスで授業を行っている

まず①の学力調査であるが，文部科学省の全国学力・学習状況調査は2007年から開始された．目的は，義務教育の機会均等とその水準の維持向上の観点から，全国的な児童生徒の学力や学習状況を把握・分析し，教育施策の成果と課題を検証するためである．しかし，秋田県では，それに先立って2002年に県独自の学習状況調査を開始しており，10年以上前から県内の学力の現状を把握し，対策を立てている．そのため，他の都道府県に比較し教育環境が整っていることも納得できる．さらに，全国学力・学習状況調査では，対象科目は国語，算数だが，秋田県では社会，理科，英語も含んでおり，総合的な学力を調査する姿勢もうかがえる[4]．

次が②の探究型の学習スタイルだ．学習指導要領の改訂により，全国の小学校では2020年から「アクティブ・ラーニング」（能動的学習）が取り入れられる予定であるが，秋田県では10年以上前から探究型の学習スタイルを取り入れている．

---

[4] 次世代教育推進機構ホームページを参照．http://www.next-edu.or.jp/spice/akita/

探究型の学習スタイルとは，児童生徒が自分たちで課題をつくり，考え，学び合いながら解決を図るものである．秋田県の小学校では，授業のはじめにその授業の狙い（目標）が示され，「今日は何が分かるようになれば良いか」が明確に示される．その後の授業では，子どもたちは自分の考えを発表する機会の他，グループディスカッションを行う機会を与えられ，他の子どもたちの意見に触れることができる．

　たとえば，「千円札が23枚ある．合計でいくらか」という問題に対し，「千円×20枚は2万円で，千円×3枚は3千円なので，足して2万3千円である」という解答をした子どもに対し，他の子どもは「千に0が三つあるので23に0を三つつけて2万3千円である」といった別の解答を示す[5]というように，自分だけでは考えつかない解答方法を知ることができる．

　最後の少人数クラスについては，秋田県では小学1年～3年と中学1年時において学級の規模を小さくする「少人数学級」と，小学校4年～6年および中学校2年～3年において授業を受ける人数の規模を小さくする「少人数授業」を行っている．少人数学級は30人程度の学級に編成することで，小学生低学年に対しては，学校生活に慣れることと学習習慣を確立する狙いがあり，中学1年に対しては環境の変化に対する抵抗を少なくする狙いがある．少人数授業は，国語，算数／数学，理科，英語において20人程度の集団学習を行うもので，発言しやすい環境を整えて子どもの自発性を養うことや，教員が子どもの理解度を把握しながら授業を行うといった狙いがある．

　過去の知識を学ぶことでさまざまな問題を解決する能力を養うことが，これまでの教育の指針であろう．知識を問うための試験によって入学試験を実施している大学が大半である．しかし，前例による解決方法に長けた人材だけでは，先の見えない将来の課題を解決することは難しい．

---

[5] 秋田魁新報社「『探究型授業』学力支える　子どもの意欲醸成」（2016年9月30日）を参照．

それよりも自ら問題を発見し，さまざまな解決策を考えて実践する人材が求められている．

　長期的な観点に立つと，地方創生にこそこのような人材が必要と考えられ，秋田県のこのような取り組みは，他の都道府県にとっても参考になるだろう．

（2）住みかえる　〜静岡県〜

　静岡県では，2015年に県，市町，NPO法人や不動産関係団体などの民間企業の参画により「ふじのくにに住みかえる推進本部」という官民一体の組織が設立された．

　この組織を構成する県，市町，民間企業は，それぞれの立場から，それぞれの強みを活かした「情報発信の実施」「相談窓口の設置」「受入体制の整備」の三つの取り組みを実施している．

　「受入体制の整備」を例にとると，県や市町の取り組みとして，移住体験ツアーの実施や移住希望者と先輩移住者との交流会を行っている．一方で，民間企業の取り組みとしては，ふじのくにに住みかえる推進本部を構成する民間企業（人材派遣会社）が，一軒家をリフォームしたシェアハウスを提供し，中長期（3ヵ月以上）の移住体験サービスを実施している．この取り組みでは「居・職・住」をセットとして提供することで，共同生活による安心感，さらに地元住民やルームメイトとの一体感を感じつつ，気軽に移住体験をスタートできるような工夫がされている．

　居──一軒家をリフォームしたシェアハウスを提供
　職──運営会社である人材派遣会社を通じてさまざまな仕事を紹介
　　　　し，派遣スタッフとして雇用
　住──地元住民とのイベントを開催して，交流の場を創出

表4-1 「ふじのくにに住みかえる推進本部」による官民一体の取り組み

取組の種類	県や市町の取組	企業等に期待する取組
情報発信の実施	・県WEBサイト, スマホサイトの整備 ・移住セミナー, 相談会の実施 ・雑誌等での広報	・首都圏顧客への発信 ・首都圏支店でのPR
相談窓口の設置	・県移住相談センターの整備 ・移住相談会の実施	・首都圏支店での簡易相談
受入体制の整備	・移住体験ツアーの実施 ・先輩移住者との交流会の実施 ・お試し施設の整備支援 ・空き家バンクの開設 ・移住支援制度の整備	・移住体験サービスの実施 ・就業体験(農林業等)の実施 ・求人情報の提供 ・移住者向け商品の販売

　シェアハウスの家賃は周辺の家賃相場よりも安価なため,移住希望者は生活をスタートしやすいというメリットがある.その一方で,企業としてもシェアハウスの入居者と中長期の雇用契約をすることで安定して利益を出すことができ,双方にとって価値のある良好な関係が成り立つと想定できる.

　この取り組みでは,官民それぞれが特長を活かした役割分担をしつつも,一体となった取り組みを実施している点が特長的といえる.官の特長は,公共サービスとして多様な人々が恩恵を受けられる取り組みを実施できる点であり,民の特長は,直接雇用を創出して利益を出し,自走可能なサービスを自らつくりだせる点であろう.前述の「受入体制の整備」の例でいうと,移住希望者向けに交流会やセミナーを開催するのは,民間企業では採算がとれない可能性が高く,県や市町でないと実施が難しいと考えられる.一方で,中長期の移住体験にはその間の仕事(収入)が必要となるため,人材派遣サービスを営む民間企業であれば仕事をスムーズに紹介できるため,県や市町よりも適していると考えられる.

（3）サテライトオフィス　〜徳島県〜

　移住者数の目標を達成するための特長的な取り組みの一つとして，サテライトオフィス[6]の誘致が挙げられる．徳島県は，地上デジタル放送移行時に多くの世帯で近畿などの県外の放送をアンテナで視聴できなくなる状況にあったことから，全県CATV（ケーブルテレビ）網構想を発表し，現在では全国屈指の光ブロードバンド環境が整っているという特長がある．この光ブロードバンド環境と豊かな自然環境を活かして，2012年から「とくしまサテライトオフィスプロジェクト」を本格展開し，2017年3月31日時点で9市町に45社が進出している．

　徳島県のサテライトオフィスのプロモーションサイト（Tokushima Working styles）によると，徳島県に進出するメリットとしては，「県内全域に敷設されたCATV網があること，自然豊かな過疎地域があること，お遍路さんを温かく迎え入れる『お接待（おもてなし）』の精神が浸透しており外部から進出しやすい文化があること」などが挙げられている．その他にも，回線使用料の補助金制度の充実や，神山町でのスキルアッププログラムなど，サテライトオフィスが進出しやすい環境づくり，都市圏で働く人が移住しやすい環境づくりに努めている．なかでも，特長的な取り組みが，都市部の学校と徳島県の学校を行き来することを可能にする「デュアルスクール制度」である．この仕組みは，徳島県が全国で初めて取り組んだものだ．

　具体的には，徳島県と都市部の二つの市区町村教育委員会が協議し，承認された場合，住民票を異動せずに転校することが可能になり，徳島県と都市部の二つの学校が一つの学校のように教育活動を展開することになる．その際，徳島県の小中学校には学習進度の違いを調整

---

[6]　企業または団体の本拠から離れた所に設置されたオフィス．

図4-5 デュアルスクール全体像とメリット
（徳島県デュアルスクール紹介資料をもとに作成）

するための教員を配置し，児童・生徒の学習を支援する．この制度により，サテライトオフィスの進出によって徳島県で勤務することになった社員が，単身赴任をせずに家族一緒に移住することが可能になり，育児の不安を抱えることなく勤務する効果が期待できる．

実際，2016年に徳島県美波町においてモデル試行を実施しており，町内のサテライトオフィスに勤務する社員の子どもが町内の小学校で就学するなど，全国に先駆けた取り組みを推進している．

この制度のメリットは保護者側だけでなく，子ども側にもあるだろう．

その地方で実際に生活し，その土地の子どもたちと触れ合うことで，地元の祭りへの参加など，旅行での滞在では得がたい体験ができるし，故郷と呼べる場所がもう一つできることも，多様な価値観を学べるというメリットにつながる．その一方で，受け入れる側の子どもにもメリットがある．転校してきた子どもとのつながりをきっかけに新しい人間関係を構築でき，転校してきた子どもと話すことで当たり前に感じていた地元の環境（豊かな自然など）を再認識できるといったメリットがある．

　今後，保護者側のメリットだけでなく，このような子ども側のメリットのために徳島県へ移住する人も増加すると考えられる．このような取り組みが全国に波及すれば，移住や二拠点居住の可能性が広がり，人口の東京一極集中の解消にも役立つのではないだろうか．

（4）まとめ

　移住支援の取り組みは，セミナーの開催や相談窓口の設置，空き家の斡旋など，多くの都道府県で共通している内容も多いが，都道府県によっては特色のある取り組みを行っており，他の都道府県でも参考になると考えられる．

　秋田県の移住では，子育てにとって欠かせない「教育」が重視されている．秋田県の企画振興部などインタビューを実施した部署によると，秋田県への移住の理由は，「以前は『定年』や『都会の生活に疲弊した』などが多かったが，最近は『子育てをしやすい環境がある』を理由に挙げるケースが多い」とのことである．これは，移住センターや移住ガイドブックを通じて，秋田に子育て環境が整っているという情報発信を地道に続けた結果であろう．

　徳島県は秋田県とは異なる視点の「教育」である．デュアルスクールは，「子育て」に特化したものであり，全国で唯一の取り組みである．まだ制度が開始されたばかりなので実績は少ないものの，サテライトオ

フィスを構える多くの企業の従業員も利用し始めれば，取り組みが県内に広がり，ゆくゆくは全国に広がっていくのではないだろうか．特に，子どもが学校に通い始めているため，家族そろっての移住を諦めて，単身赴任を選択する人々にとっては，移住の可能性を高める有効な取り組みであるといえる．

　静岡県では，居・職・住が一体で提供された「安心」に焦点を当てている．静岡県の政策企画部は「転出の中心である20代女性をターゲットにした移住促進施策が必要である」と考えており，本節で紹介したシェアハウスも，当初は入居者を女性に絞って実施された取り組みである．若い女性が転出してしまう状況は，地方における共通の課題であり，静岡県が共同生活による安心感を得られるシェアハウスの取り組みを実施したように，他の都道府県でも若い女性を呼び込む取り組みを工夫することが求められるであろう．

第 5 章

行政も婚活に一所懸命

5.1 出会い支援

ここでは，結婚支援センターによる成婚者数のKPIを掲げる都道府県のなかで，共通した課題となっている「独身男女の出会い支援」について特長的な取り組みを行っている兵庫県と福井県について紹介する．

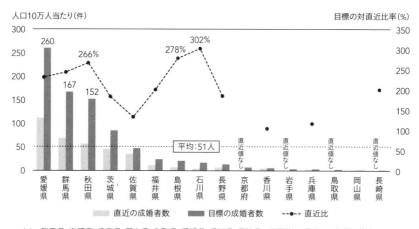

*1 群馬県，京都府，兵庫県，岡山県，鳥取県，愛媛県，香川県，長崎県の目標値は，累計から年間を算出
*2 群馬県，石川県の直近値は，累計から年間を算出

図5-1 結婚支援センターによる婚姻者数(図2-21再掲)

（1）行政のマッチング支援 ～兵庫県～

兵庫県は，県内10ヵ所と東京都内に結婚支援拠点「兵庫出会いサポートセンター」を設置した．対象者は，兵庫県内在住もしくは県内で仕事をしている独身男女であり，「少子化対策の一環として，仕事などが忙しくてなかなか出会いの機会がない独身男女の新たな出会いを支援する」ことを目的に掲げている．事業内容は，1対1のお見合い支援を実施するものから，婚活イベントの開催や出会い支援ボランティアの

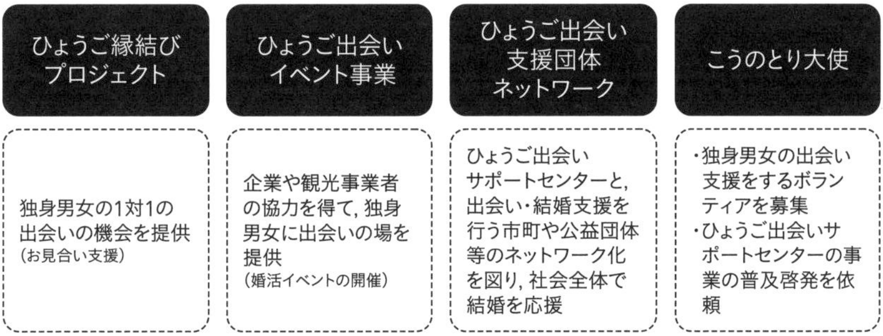

ひょうご縁結びプロジェクト	ひょうご出会いイベント事業	ひょうご出会い支援団体ネットワーク	こうのとり大使
独身男女の1対1の出会いの機会を提供（お見合い支援）	企業や観光事業者の協力を得て，独身男女に出会いの場を提供（婚活イベントの開催）	ひょうご出会いサポートセンターと，出会い・結婚支援を行う市町や公益団体等のネットワーク化を図り，社会全体で結婚を応援	・独身男女の出会い支援をするボランティアを募集 ・ひょうご出会いサポートセンターの事業の普及啓発を依頼

図5-2　ひょうご出会いサポートセンターの事業内容

募集など多岐にわたっている．

　この取り組みで特長的なのは，1対1のお見合いを実施する「ひょうご縁結びプロジェクト」である．従来，地方公共団体の結婚支援は，婚活イベントやセミナーを開催することが中心だったが，兵庫県は，都道府県では全国で初めて独身男女のお見合い事業を実施した．

　その後，他の都道府県でもお見合い事業を行うケースが増加してきたが，兵庫県はカップル成立のマッチングシステムを導入し，他の都道府県とのさらなる差別化を図っている．このマッチングシステムは，単に属性を入力して検索・参照するだけでなく，ビッグデータを活用し，利用者のプロフィールや，過去にどんな相手を希望したか，イベント参加などの行動履歴も分析して，システムが自動的にお勧めの相手をメールなどで紹介する機能を有しており，より効率的にマッチングを行う仕組みを構築している．実際，2015年には成婚カップルが1,000組[1]を超えるなど，順調に実績を伸ばしている．

　また，この取り組みのお見合い支援を利用するためには年間5,000円の登録料が必要となる．無料の支援制度ではないという点も，結婚意

---

[1] 1999年の「コウノトリの会」発足以降の累計値．
　兵庫県ホームページ「知事定例記者会見」（2015年5月11日（月曜日））を参照．
　https://web.pref.hyogo.lg.jp/governor/g_kaiken2015051101.html

欲の高い人々を集めることに寄与しており，結果的に成婚数を押し上げていると考えられる．

（2）結婚応援企業　〜福井県〜

　福井県の結婚支援の歴史は古く，1964年に福井県婦人福祉協議会が開始した結婚相談事業を1994年から県の委託事業とし，結婚相談員を配置するなど，結婚支援に昔から力を入れてきた．特に，2010年からは「地域の縁結びさん」応援事業を行い，ブライダル業や理美容業に従事する方，また，民生委員やお寺の住職，退職教員などを「地域の縁結びさん（ボランティア）」として登録し，相談者へのアドバイスや，縁結びさん同士の情報交換などの活動を実施してきた．その結果，2010年から2015年までの間の結婚実績は約450件と，一定の成果をあげている．2015年からは，その活動を「地域」から「職場」に拡大すべく，「ふくい結婚応援企業」を登録している．

　ふくい結婚応援企業は，企業内に「職場の縁結びさん」を配置し，結婚を希望する従業員に婚活イベント情報や県の結婚支援制度を紹介するという取り組みであり，単なる情報提供だけでなく，婚活イベントや，他の企業との交流会の開催など，希望する独身者への積極的な働きかけを行っている．

　ふくい結婚応援企業に登録した企業は，2017年時点で200社を超え，企業が企画運営する婚活イベント開催実績は事業開始から約1年間で12回，カップル成立は34件[2]にのぼり，結婚支援として効果的な取り組みになっている．イベントの内容は，スイーツビュッフェや調理実習を交えたものなど，さまざまな種類の企画がある．一方，職場の縁結びさ

---

[2]　内閣府　結婚の希望を叶える環境整備に向けた企業・団体等の取組に関する検討会（第1回）資料5-2「都道府県における企業・団体等の結婚支援等に関する取組事例」を参照．

んによる交流会も，事業開始から約1年間で33回開催され，延べ350人以上の独身者が参加しており，出会いの機会拡大につながっている．

ふくい結婚応援企業に登録をした企業側のメリットとしては，福井県のHPや婚活応援ポータルサイト「ふくい婚活カフェ」において企業PRなどの広報活動ができるという点の他に，女性の結婚や出産を応援しているというイメージアップ効果により就職希望者が増えることなども考えられる．

また，福井県の女性の有業率は高く，2012年時点で53％と全国1位[3]であることから，男性だけでなく，結婚適齢期の女性も多くの時間を「職場」で過ごすと考えられる．このような県内の特性に着目して，「地域」の縁結びさんの活動を「職場」に拡大したことは特長的である．今後は，ふくい結婚応援企業の取り組み内容を評価することで，効果的な取り組みに注力し，さらなるカップル数の増加につながることを期待したい．

（3）まとめ

結婚支援は多くの都道府県で実施されており，その内容は，都道府県が企画するものと，都道府県に登録した民間企業が企画するものに分けられる．都道府県が企画する場合は，利用料の安さや地方公共団体が企画していることによる安心感などのメリットがあると考えられる．兵庫県のお見合い事業など，従来，民間企業が行っていたような事業を都道府県が実施するケースも増えてきている．民間企業が企画する結婚支援では，都道府県がイベント情報を通知するケースが多く，多数の企業のイベント情報を利用者が得られるというメリットがある．

一方で，民間企業のみで行う結婚支援は，利用料が高く，採算重視のイベントが主体になることも多い．そのため，都道府県に求められるこ

---

[3] 福井県「平成24年就業構造基本調査」（5年ごとの調査）を参照．

とは，年齢や趣味，出会いのシチュエーションの希望など，さまざまな利用者のニーズがあるなかで，多様な種類の出会い支援を安価で提供することではないだろうか．利用料やイベントの種類などで，民間の結婚支援企業と住み分けをしつつ，官民それぞれの強みを活かした活動をすることが重要である．

5.2 出生率の向上

インタビューを実施した県のうち，合計特殊出生率が全国1位である沖縄県と，特長的な取り組みを行っている静岡県について紹介する．なお，ここでは共通して設定している都道府県が多い2030年のグラフを掲載しているが，沖縄県は2035年時点で合計特殊出生率2.3を，静岡県は2019年時点で2を目標としている．

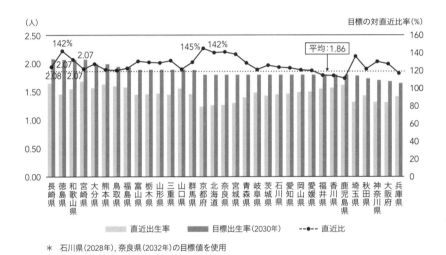

図5-3　合計特殊出生率（2030年）（図2-6再掲）

（1）日本一の出生率　〜沖縄県〜

沖縄県の合計特殊出生率は，2014年時点で1.86と全国1位であり，30年連続[4]で日本一の記録を更新中である．2014年時点で比較すると，2位の宮崎県が1.69であることからも，沖縄県が突出していることがわかる．なお，沖縄県でも合計特殊出生率が減少していた時期もあり，

1980年代後半は2以上あったものが，2005年には1.72[5]まで低下している．しかし，その後上昇傾向で推移し，2012年には1.90となり，1990年代中頃の水準にまで回復している．

　沖縄県の合計特殊出生率が高い要因は，さまざまあると考えられるが，1つの仮説として，「相互扶助（ゆいまーる）」の精神について紹介する[6]．

　ゆいまーるとは，沖縄の方言で，ゆい（結い）＋まーる（順番）の意味であり，順番に労力交換を行うこと，すなわち「助け合い」を指す言葉である．沖縄県は，島ということもあり，祖父母や親戚が近所に住んでいるケースが多く，子どもは「親だけでなく祖父母や親戚（さらには地域の人々）が助け合って面倒をみるもの」という文化が強い．そのため，子育てのハードルが他の都道府県に比べて低く，第2子，第3子以降を産む女性が多いと考えられる．ゆいまーるの精神は，沖縄本島に比べて島民の少ない離島に強く根付いており，活発なご近所付き合いのもと地域ぐるみの子育てが行われている．

　しかし，合計特殊出生率が恵まれている沖縄県であっても，1980年代後半から人口置換水準には達しておらず自然減となっていることや待機児童数が東京に次いで多いことなど，課題も存在している．そのため，ワークライフバランス認証制度やイクボスの養成などの子育て施策を充実させ，「ゆいまーるの精神」だけでなく，企業の制度的にも子育てを支援する取り組みを行っている．

　たとえば，ワークライフバランス認証を受けた企業は，沖縄県のホームページや広報誌でのPRが可能になったり，金利優遇ローン（沖縄県ワークライフバランス企業応援ローン）の対象になるなど，企業側のメリットも

- -
(4) 沖縄タイムス「出生率41年連続全国1位も出生数は… 2014年沖縄県人口動態（2015年10月6日）」を参照．
(5) 一般財団法人南西地域産業活性化センター「沖縄県および県内市町村の人口動向と将来推計人口に関する調査研究」を参照．
(6) 2005年の厚生労働白書にも，沖縄県の出生率が高い理由として同様の仮説が紹介されている．

充実させて認証企業を増やす取り組みが挙げられる．

（２）少子化突破戦略の羅針盤　〜静岡県〜

静岡県では合計特殊出生率に関して「ふじのくに少子化突破戦略の羅針盤」という特長的な取り組みを実施している．

「ふじのくに少子化突破戦略の羅針盤」とは，市町別に合計特殊出生率の高い市町と低い市町が混在する静岡県において，合計特殊出生率に影響を与える要因を分析する取り組みである．次の3項目のデータを市町別にグラフなどを用いて「見える化」している．

① 　市町の合計特殊出生率の年次推移──市町ごとの1983年から2012年までの合計特殊出生率の推移．
② 　地域力──有識者の意見を踏まえ選定した，合計特殊出生率に影響を与えていると想定される要因（社会経済的要因，施策要因）を集約したもの．
③ 　「結婚要因」と「夫婦の出生力要因」──「結婚要因」は，結婚している人の割合が出生率に与える影響の大きさ．「夫婦の出生力要因」は，結婚している人のうち子どもを生んだ人の割合が出生率に与える影響の大きさ．

この分析の結果，合計特殊出生率が特に高い裾野市と長泉町には，二つの特長があることが分かった．

・正規従業員数割合が高い
・児童福祉費の歳出が多い

正規従業員数割合は，静岡県内において長泉町が71％で1位，裾

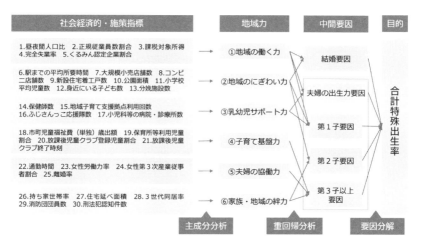

図5−4　ふじのくに少子化突破戦略の羅針盤　分析の全体像
（静岡県「ふじのくに少子化突破戦略の羅針盤」より引用）

野市が70.3％で2位となっており，県平均（65.9％）を大きく上回っている．正規従業員は，収入が安定しているため将来に対する不安が少なく，出生意欲が高いものと思われる．また，児童福祉費の歳出（2013年度）は，静岡県内において長泉町が12万3千円/人で突出して1位，次いで裾野市の8万7千円/人となっており，子どもに対する行政の歳出が多いほど，支援が充実して出生意欲が高まると思われる．

このことから，合計特殊出生率向上のためには，若者の安定的な雇用確保や正規就業継続をサポートする子育て支援策の拡充が必要であることが分かる．分析結果は市町職員・研究者・大学生・一般県民を対象としたシンポジウムで発表され，それに加えて「ふじのくに少子化突破戦略の羅針盤」として取りまとめられ，静岡県のホームページで公表されている．今後は分析結果をもとに県と各市町が連携し，他の市町の施策を参考にしながら，地域の実情にあった独自の取り組みが期待される．

「ふじのくに少子化突破戦略の羅針盤」公表後の市町の事例として，

掛川市では，市内に住所があるひとり親が，児童扶養手当を受給しているなどの条件はあるが，以下に示す子育てサポート事業を利用した際の利用料を助成する制度を新設している．

・保育園延長保育事業
・ファミリー・サポート・センター事業（依頼会員が，提供会員に子どもの預かりや送迎などを依頼する事業）
・放課後児童健全育成事業（放課後に児童を預かる児童クラブ事業）

掛川市の統計[7]によると，平成26年の離婚数は直近5年間で最大となり，ひとり親が多くなっていることが分かる．このような状況において，「ふじのくに少子化突破戦略の羅針盤」の分析結果の通り，市の実情にあった「子育て支援策」を実施しているものと考えられる．

出生率向上の課題解決には，現状分析は不可欠であり，市町ごとの分析結果や施策を「見える化」したことは有効な手段といえる．

今後は，現状分析の結果を踏まえて，掛川市のように，新たな対策案を策定したり，合計特殊出生率が高い市町の施策をカスタマイズして横展開したりしていく段階に突入していくものと思われる．

（3）まとめ

多くの都道府県で合計特殊出生率向上のための取り組みが行われているものの，2017年現在，すべての都道府県において人口置換水準には達していない状況だ．合計特殊出生率には，収入の多さ，職場の理解，家族の協力など，多くの要素が影響するため，どれか一つの分野

---

[7] 掛川市「平成27年度版　掛川市統計書」を参照．
　http://www.city.kakegawa.shizuoka.jp/data/open/cnt/3/14721/1/BHP.pdf

に特化した取り組みでは効果が薄い．つまり，合計特殊出生率には，「これを行えば向上する」といった取り組みは存在しないといえる．

　しかし，全体的な取り組みが必要であり，何に注力すべきか，何を優先すべきかが分かりにくい状況のなかで，「地域」に着目した分析を行った静岡県の例は特長的だ．地方版総合戦略を見ると，都道府県のなかには，県内を複数の地域に分割して地域特性に着目した取り組みを行っているケースも存在する．まずは，都道府県内の現状を的確に把握し，市町の特性，たとえば，山間部・沿岸部などの立地条件や人口規模などの市町の特性によって，どの施策が合致しやすいかといったデータを蓄積し，適切な取り組みを公表・横展開することが有効ではないかと考えられる．またこのような横展開が，全国規模で実施されることが期待される．

5.3 子育て環境

ここでは，男性育児休業取得率の KPI を掲げている都道府県のうち，目標値が高い三重県と山口県の取り組みについて紹介する

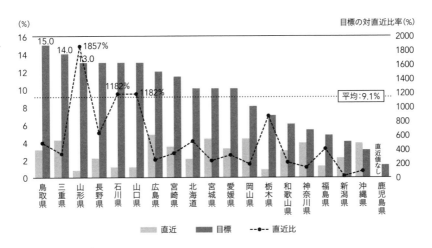

図5-5　男性育児休業取得率（図2-22再掲）

（1）男性に着目した支援策　～三重県～

2.4で述べたように三重県は，図5-6に示す「みえの育児男子プロジェクト」を推進している．このプロジェクトでは，具体的には，「普及啓発」「仕事と育児を両立できる職場環境づくり」「『子どもの生き抜いていく力』を育む子育ての魅力発信」といった三つの活動を通して男性の育児参画を促している．男性育児休業の推進の他にも，男性向けの不妊治療に対する補助も行うなど，男性側からの少子化対策にも注力している．

少子化対策は女性向けの支援が多いなかで，半数の不妊原因にあ

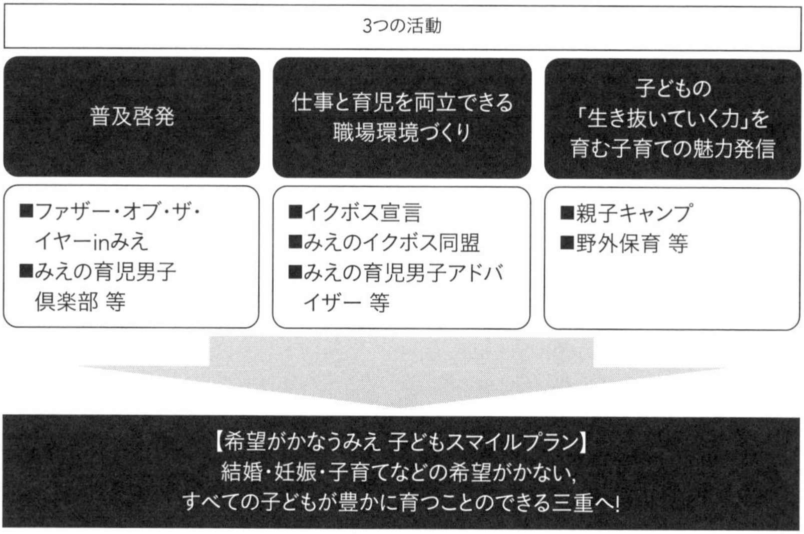

```
┌─────────────────────────────────────────────────────┐
│                    3つの活動                         │
├──────────────┬──────────────────┬───────────────────┤
│   普及啓発    │ 仕事と育児を両立できる │   子どもの        │
│              │   職場環境づくり   │「生き抜いていく力」を │
│              │                  │ 育む子育ての魅力発信 │
├──────────────┼──────────────────┼───────────────────┤
│■ファザー・オブ・│■イクボス宣言      │■親子キャンプ       │
│ ザ・イヤーinみえ│■みえのイクボス同盟 │■野外保育 等       │
│■みえの育児男子│■みえの育児男子アドバ│                   │
│ 倶楽部 等     │ イザー 等         │                   │
└──────────────┴──────────────────┴───────────────────┘
                          ▼
┌─────────────────────────────────────────────────────┐
│        【希望がかなうみえ 子どもスマイルプラン】       │
│        結婚・妊娠・子育てなどの希望がかない，          │
│      すべての子どもが豊かに育つことのできる三重へ！     │
└─────────────────────────────────────────────────────┘
```

図5-6　みえの育児男子プロジェクト　全体像

たる男性に着目した取り組みを実施していることは，他の都道府県と比較しても特長的だ．トップの鈴木知事が率先して育児休暇を取得することもあり，県庁内においても男性の育児休暇への理解が得やすい環境になりつつあることがうかがえる．

「みえの育児男子プロジェクト」については，みえのイクボス同盟[8]を通じて民間企業への働きかけを推進しているが，さらに県内の市町に向けた働きかけが必要であると考えている．今後は，男性の育児参画への取り組みを行う市町への補助を実施し，他市町の取り組み事例を紹介するなど，横展開の働きかけも推進する必要があるだろう．

---

(8) イクボス——部下の仕事と家庭の両立を応援する上司．
みえのイクボス同盟——三重県内において，仕事と家庭を両立できる職場づくりに取り組み，またその大切さを広く対外的に情報発信する企業経営者などで構成される団体．

（２）企業の好事例集を公表　〜山口県〜

　山口県では，企業の子育て応援施策として「やまぐちイクメン応援企業宣言制度」や「やまぐち子育て応援企業宣言制度」，「子育て家庭応援優待制度」など，さまざまな取り組みを行っている．そのなかで，男性の育児休暇取得を推進する取り組みを行っており，KPIの直近比をみると10倍以上の高い目標を掲げていることからも，高い意欲がうかがえる．

　山口県は2016年に「男性の育児休暇取得事例集」を公表し，子育て応援企業に登録している728社（2016年3月1日時点）や，労働局・市町・関係経済団体に配布した．この事例集は，実際に育児休暇を取得した男性社員の体験談や，企業におけるワークライフバランスの取り組みを紹介したものである．掲載されている企業は，銀行や医療法人，大学法人とさまざまで，6社6名の体験談や取り組み内容が紹介されている．

　たとえば，西京銀行では，2015年より「ワーク・ライフ・インテグレーション」宣言を行い，仕事と生活の双方の充実を図っている．具体的には，定時退社や有給休暇取得の促進，出産祝い金（第3子以降100万円），妊娠・出産・育児を理由に退職した場合，同待遇での職場復帰を可能にする再雇用制度など，労働環境の整備に取り組んでいる．その結果，女性の育児休暇取得率は100％を達成しており，現在は，男性の育児休暇取得率の向上を目指して取り組んでいる．事例集では，9日間の育児休暇を取得した男性社員の体験談がつづられているが，その他の企業の取得日数を見ても長くて3ヵ月ほどと，長期間の取得はまだまだ難しい状況である．

　また，山口県では，やまぐちイクメン応援企業（従業員300人以下）の男性従業員が1日以上の育児休業を取得した場合に奨励金が支給さ

れている．奨励金の支給額は育児休業日数1日〜4日で5万円から，1ヵ月以上で20万円と取得日数に応じて奨励金の額が設定されている．働き盛りの男性従業員が数日〜数ヵ月職場を休むことになるので，企業への金銭的な支援は有効だと考えられるが，現行の制度では，育児休業日数が1ヵ月で奨励金の上限に達してしまう内容であり，より長期の育児休暇，もしくは，複数回に分けて育児休暇を取得した場合など，どう対応するかは今後の課題であろう．

（3）まとめ

共働きの世帯の増加に伴い，男性の育児参画の必要性がさらに叫ばれるようになってきたものの，現状は男性の育児休業の取得率は低く，一般的ではない．しかし，ニッセイ基礎研究所「今後の仕事と家庭の両立支援に関する調査」（2008年，厚生労働省委託調査研究）によると，男性の31.8％は育児休業の取得を希望しているようである．つまり，制度が整い，男性も取得することが普通であるという社会になれば，育児休業を取得する男性は増加すると考えられる．

そもそも，1975年に育児休業法が制定された当時は，女性は結婚や出産を機に仕事をやめることが一般的であり，育児休業を選択するケースはほとんどなかった．そこから女性の育児休業取得が一般的になるまで約30年かかっていることから考えても，男性の育児休業取得が一般的になるまでは時間がかかるかもしれない．

しかし，少しでも早く一般に普及させるために，地方公共団体が率先して男性の育児休業取得に取り組むことは重要であり，三重県のように知事が率先して取り組んでいるケースは，全国の先進的な事例となりうると考える．

終章

地方創生と日本の未来

日頃から若い学生と接している筆者にとって，彼ら彼女らが60代になる40年後の社会はどうなるのだろう？とよく考える．その意味で「東京圏への人口集中を是正し，地方の人口減少をいかに食い止めるのか」という地方創生の課題はとても身近に感じる．

　本書では，地方公共団体が取り組むしごとや移住や婚活に関する施策をKPI（Key Performance Indicator）の視点から述べてきた．KPIの示す政策目標や施策は2015〜2019年度の5年間を対象としており，長期ビジョンである40年後の人口目標を達成するための第一歩といえる．本書を執筆している2017年から数年の間に，政策の効果が表れることも期待できる．

　もし効果があまりなく，そのために地方創生というキーワードが忘れ去られたとしても，地方衰退と人口減少という課題は消えるわけではない．40年後の社会に暮らす今の若い人たちの生活を守るのは，今の私たちの大きな責任である．

　2章ではKPIの分析結果として，人口や雇用や出生率に関する主要KPIについて述べた．さらに，主要KPIを達成するための施策として，3章から5章ではそれぞれしごと，移住，婚活に関するKPI目標値の比較的高い八つの県を選び，そこで取り組んでいる具体的な施策を解説した．

　これらの施策の解説は該当する県へのインタビューをもとにしているが，当然ながら行政側からの視点である．行政はあくまで支援であって，地方創生の主役は地方で起業する人たち，地方に移住する人たち，地方で子育てする人たちである．このような人たちはどのような意向で起業したり移住したり子育てしたりするのか．主役の意識を知ることで，初めて脇役である行政が本領を発揮できるのではないかと考える．

　本章では，数少ない事例ではあるが，地方で起業や移住を体験している主役たちの意識を通して，地方創生と日本の未来について考えてみたい．

ミドリムシは石垣島の太陽を欲している
――地方公共団体トップがベンチャーを応援

　沖縄県の石垣島にはユーグレナモールと呼ばれる商店街がある．沖縄の方言と勘違いしてしまいそうであるが，そうではない．ユーグレナ（Euglena）とはミドリムシの英語のことだ．ミドリムシは水田などで普通に見つけることができる0.1mm以下の小さな単細胞生物であるが，ビタミンやアミノ酸など植物と動物から摂取できる59種類もの豊富な栄養素が含まれていることで知られている．

　このミドリムシを活用した食品や化粧品や飼料などを製造しているユーグレナが石垣島にある．ミドリムシは天候の恵まれた石垣島の大きなプールで大量に培養され，最終的には水分をとりさって粉末の状態に加工される．この粉末が食品や化粧品の材料になるのだ．2017年現在，石垣島の工場は年間最大160トンの粉末を生産する能力を持っている[1]．筆者もユーグレナの緑汁を飲んでみたが，青汁よりも飲みやすく，お腹の調子が良くなった気がした．

　この会社は出雲充氏が2005年に設立したベンチャー企業である．東京大学在学中の彼がバングラデシュに訪問したことがきっかけとなり，栄養失調で命を落とす多くの子どもたちを救いたいという熱い思いから，このミドリムシの培養に取り組むことになった．ミドリムシの大量培養がほんとうにビジネスにつながるのかという疑問から，当初の資金調達はうまく行かなかったが，出雲氏の度重なる努力の末にユーグレナとコラボレーションする大企業が2008年に出現し，2012年には東証マザーズ，2014年には東証一部への上場を果たしている．

　講演では緑色のネクタイをしている出雲氏であるが，バングラデシュの旅から始まりミドリムシの培養にいたる創業の話は熱気にあふれている．

----

[1] 株式会社ユーグレナ「誰もなし得ていない，ミドリムシの屋外大量培養技術を確立せよ」．http://www.euglena.jp/projects/massculture/

バイオビジネスの市場を大きく発展させたい，海外に拠点をつくってグローバルなビジネスを展開したい，といった野望ではなく，ミドリムシを培養したいというシンプルな一人称の思いから出発したところに成功の要因があるのだろう．数年間の苦しい時期を乗り越えられたのは，この熱い思いとそれに共感する仲間があってこそだと思う．

　ユーグレナの本社は東京であるが，研究開発の拠点は石垣島の他に三重県や佐賀県などの地方にあり，しごとをつくるという観点から地方創生に大きく寄与している．地方創生の取り組みもあり，地方でスタートアップする起業家が増えていると思う．出雲氏は地方のベンチャーを振興する施策を三つ挙げている[2]．

　一つ目は，彼と同じようにベンチャーをスタートアップする楽しさを多くの人に語ることだとしている．筆者の所属する慶應義塾大学湘南藤沢キャンパス（SFC）では，その個性豊かな独自性ゆえに1990年の開設以来多くの起業家を生んできた．SFCではそんな起業家を招いてFINE（Future Innovation and Entrepreneurship）フォーラム[3]と呼ばれるイベントを開催し，起業を志す学生向けに，スタートアップの楽しさや苦しさを語ってもらっている．

　二つ目は，地方公共団体や大企業の地方事業所は，地元のベンチャーから商品やサービスを調達して欲しいということだ．ベンチャーは行政や大企業に納入したという実績により評価され，大きな信用がもたらされるからである．

　三つ目は，地方公共団体は地元のベンチャーを大いに顕彰する取り組みをして欲しいということだ．そして表彰する際には地方公共団体のトップが出席し，金融機関や実業家や学生たちの前で，地元にこのよう

---

(2) 株式会社グロービス「地方発ベンチャー育成論」，http://globis.jp/article/3794
(3) 慶應SFC未来イノベーション＆アントレプレナーシップ研究コンソーシアム「FINEフォーラム」．http://www.fine.sfc.keio.ac.jp/

な立派なベンチャーが育っているとアピールすることが大事だとしている．リスクをとって地方でベンチャーを起業する人を地元の人たちが応援する．これこそが苦しいときを乗り越える，出雲氏の経験から得た知見といえるだろう．

クリエイティブな仕事は地方！
エキサイティングな仕事は都会？――脱優等生の人材

慶應義塾大学には山形県鶴岡市に鶴岡タウンキャンパスがある．2001年に先端生命科学研究所が設置され，山形県や鶴岡市の支援のもとに，システムバイオロジーと呼ばれる世界最先端のバイオサイエンスの研究を行っている[4]．

この研究所の特徴的なことは，基礎科学の研究からさまざまなベンチャー企業を生みだしていることだ．

その一つが2003年に創業したヒューマン・メタボローム・テクノロジーズ（HMT）である[5]．メタボロームとは，糖やアミノ酸などの代謝物の総称で，人間には数千種類，植物には数万種類あるといわれている．曽我朋義教授が中心となり，キャピラリー電気泳動‐質量解析手法（CE-MS）により，このメタボロームを短時間に一斉に分析できる装置を開発したことが，このHMTの創立につながった．

キャピラリーと呼ばれる細長い中空のチューブのなかに試料を入れ，そこに高電圧をかける．試料に含まれる陰イオン性と陽イオン性の代謝物が，それぞれ陽極と陰極の電極に向けて移動する．この移動速度が代謝物によって異なるため，さまざまな代謝物の質量を順次計測するこ

---

(4) 慶應義塾大学先端生命科学研究所ホームページ．http://www.iab.keio.ac.jp/
(5) ヒューマン・メタボローム・テクノロジーズ株式会社ホームページ．http://humanmetabolome.com/
(6) 曽我朋義，平山明由，杉本昌弘「メタボロームが解き明かす生命のシステム」，『KEIO SFC JOURNAL』Vol.15, No.1, pp.64-75.

慶應義塾大学鶴岡タウンキャンパス（提供：先端生命科学研究所）

とができるのだ[6].

　このメタボローム解析は，健康状態を調べるための体内指標となるバイオマーカーの探索に使われる．糖尿病の血糖値や痛風の尿酸は既存のバイオマーカーであるが，環境の変化や疾病で生じるメタボロームの濃度変化を解析することで新たなバイオマーカーの発見につながるのだ．

　HMT社長の菅野隆二氏は，これまではメタボローム解析の受託が主なビジネスであったが，うつ病のバイオマーカーがリン酸エタノールアミンであることを新たに発見したことで，多くの現代人が苦しんでいるうつ病を発見し治療するビジネスが成長すると話している．

　関山和秀氏たちが2007年に創業したSpiberは，世界初の人工合成クモ糸「QMONOS」の量産化技術に挑戦している[7].

- -

(7) Spiber株式会社ホームページ．https://www.spiber.jp/

ナイロンや炭素繊維などの化学繊維は石油を原料としているが，化石燃料ではなくタンパク質から繊維素材を製造することがSpiberの特徴である．人工合成クモ糸のタフネス（材料が破壊するまでに吸収する単位体積当たりのエネルギー量）は，鋼鉄の340倍，防弾チョッキに使われるアラミド繊維の19倍にもなる．もちろん，丈夫なだけでなく，軽くて美しい未来の繊維として期待されている．

　クモ糸というと，2002年に公開された映画「スパイダーマン」を思い出す人もいるだろう．1983年生まれの関山氏はこのスパイダーマンをみてクモ糸をつくろうと思い立ったわけではない．バイオサイエンスで人類に貢献したいという夢をいだいて大学に入り，大学4年のときの研究室の飲み会で「とても強靭で夢の繊維といわれるクモの糸を活用すれば，環境に良く抜群の性能を持った素材をつくれるのではないか，もし実用化できれば人類にとって画期的で，もの凄いインパクトだ」と話が盛り上がったときから始まったそうだ[8]．スパイダー（Spider）とファイバー（Fiber）をかけた「スパイバー（Spiber）」という社名も，この飲み会で誕生した．

　The North Faceニューヨーク店との衣料品製造やパリモーターショーでのLEXUSのコンセプトシートなど，人口合成クモ糸を活用したさまざまな企業とのコラボレーションが始まっている．

　他にも，唾液から口腔がん，乳がん，すい臓がんなどの疾患を検査する技術を開発しているサリバテック，人の便から腸内細菌の遺伝子情報を分析するメタジェンなどが起業されている．

　鶴岡キャンパスには「からだ館」という施設があり，さまざまな疾病に関する情報を公開するなど，地域の健康をキーワードに市民との交流を図っている．その一つが「鶴岡みらい健康調査」である．35〜74歳の1万人の鶴岡市民に協力してもらい，研究所で開発したメタボローム

---

(8) 株式会社アマテラス「起業家インタビュー」．https://amater.as/founder-interview/technology-spiber/

解析などの技術をもとに，鶴岡市民の疾病を未然に防ぎ，未来の鶴岡を健康にする取り組みを行っている[9]．

医療分野だけではない．山形県で生産されるブランド米「つや姫」のメタボローム解析を行って，グルタミン酸やアスパラギン酸などの旨味成分が多く含まれていることを実証するなど，食品の美味しさの研究も行っており，山形県や鶴岡市の食品産業にも貢献している．

慶應義塾大学SFCでは，1990年の設立からAO（アドミッション・オフィス）入試を実施している．試験の成績で入学の合否を決めるのではなく，出願者がこれまで活動してきたことや大学でやりたいことなど，高校の成績も考慮するが，主に人物本位で合否を決める試験のことである．

日本では予備校が公表する偏差値で大学がランキングされ，高校生はそれを基準に大学を決めることも多い．そのため，東大を頂点とする大学のハイエラーキーができてしまった．与えられた問題を解く試験で選抜された人物が，必ずしも未来の社会問題を解決できるわけではない．何が問題なのかさえ分からない現代社会では，問題を発見して解決することに挑戦できる人物が求められる．このような考えで実施されているのがAO入試である．

これまで多くの起業家を生んできたSFCにはこのようなバックグラウンドがある．先端生命科学研究所でたくさんの研究者や起業家を育ててきた所長の冨田勝教授は，地方創生にも直結する日本再生の三つの鍵を提唱している．

一つ目は脱優等生だ．優等生といえば一般には試験のできる人であり，偏差値の高い大学の学生のことかもしれない．脱優等生とは勇気のある人のことだ．人と違うことをする勇気，そんな人を支援する勇気，そして拍手する勇気である．リスクをとった地方の起業家を顕彰して欲しいと提案する出雲氏と通じるところがある．

....
(9) 慶應義塾大学先端生命科学研究所「鶴岡みらい健康調査」．http://tsuruoka-mirai.net/

筆者は長らく大企業の研究所にいた．大きな組織になると失敗しないようにうまく仕事をする人が尊ばれることがある．しかし，組織の大小を問わず，失敗することを恐れていては何も始まらない．他人のやっていないことをやって失敗し，それを糧にまた新たな挑戦を始める．研究にはこのような勇気が大切だ．そして，研究マネジメントは新たな挑戦を支援し拍手を送ってこそ，素晴らしい研究に結びつくものだ．

　二つ目は，地方vs都会である．鶴岡のように美しい日本は地方の田舎に行けばたくさんある．自宅から徒歩で5分，自転車で5分，車で5分．これが理想的な仕事の環境だという．研究者は与えられた仕事をもくもくとこなす職業ではない．自分の考えた問題をどうやって解決するのか，寝ても覚めても考えているものだ．そんな人物には研究に没頭できる田舎が最適である．冨田所長いわく「エキサイティングな仕事は都会に多いけど，クリエイティブな仕事は地方がいい」ということだ．

　さらに，都会ではなかなか実現できない余裕のある研究施設をつくれる．子育てと仕事を両立するための保育園，海外の人たちも快適に宿泊できる施設，ゲームセンターもあってもいい．とにかくわくわくするような研究施設が大切なのだ．

　三つ目は，花より根を養えだ．企業の研究だと，長くて4〜5年のレンジで考えることが多い．筆者のいた研究所では光ファイバーの研究をやっていたが，実用化に30年を要した．テレビやカメラの映像符号化であるJPEGも発明から20年でDVDに使われ始めた．花を狙うのではなく，根となる基礎から始めるということだ．そのため，研究が実用になるには20〜30年の歳月を必要とする．メタボロームによるバイオマーカーも人口合成クモ糸も，まだまだこれからの産業といえるが，どちらもしっかりした根を持っている．技術の根っこを持ってこそ，その根を地方にじっくりとおろし，長期間にわたって全世界に向けて市場を広げることができるのだ．

　本書ではKPIという視点で，地方におけるさまざまなしごとのつくり方

を述べてきた．地方に本社や工場や事業所を誘致したり，その地方の出身者が地元で起業したりする事例が多かった．しかし，ここで紹介したように，東京圏の大学や企業が中心になって地方に新たな産業を起こすこともできる．それを地方公共団体や国が支援している．このような図式をさまざまな地方で起こすことが，未来の日本にとって地方創生の一つのキーになると考えられる．本章の最後ではこの考えをもとにした具体的な提案を行いたいと思う．

現代アートの島に移住する若い人たち
――地域の新たなコミュニティが誕生

先端技術の次は，現代美術が地方創生のキーとなる事例を紹介したい．

東京圏で行われている現代アートの国際展としては横浜トリエンナーレがあり，2001年から3年おきに開催されている．2014年の第5回ヨコハマトリエンナーレは「華氏451の芸術：世界の中心には忘却の海がある」というテーマのもと，横浜美術館と新港ピアを会場として開催され，65組の作家が444件の作品を出品し，総事業費が約9億円という大規模な展示会であった[10]．89日間の会期中に21万人が来場したが，その数は2008年が55万人，2011年が33万人と減少傾向にある．

東京圏では美術作品の展覧会が多数開催されており，大規模な国際展といえどもたくさんのイベントの一つになってしまうことは否めない．また，多くの作品はそれらを展示する空間も含めて来場者が体験できるインスタレーションであるが，都市部では展示空間に制約があることも，現代アートイベントのマイナス要因になると考えられる．

それにひきかえ地方で開催される現代アートイベントには活気がある．

---

(10) ヨコハマトリエンナーレ「横浜トリエンナーレアーカイブ」．http://www.yokohamatriennale.jp/archive/

その代表例は瀬戸内国際芸術祭だろう．

瀬戸内国際芸術祭は横浜と同じく3年おきに開催されるトリエンナーレで，2010年が第1回だった．2016年の第3回は108日間の会期中，来場者は延べ100万人を超えている[11]．瀬戸内国際芸術祭の特徴は，直島，豊島，女木島，男木島，小豆島など，瀬戸内海に浮かぶ島が展示会場になっていることだ．第3回の総事業費は約13億円で，その4分の3は県の負担や企業からの寄附金であり，226組の作家が参加し，作品数は206点，イベント数は37であった．

基準となる有料会場への来場者をカウントして合計しているために延べ人数が100万人となり，横浜の来場者と単純に比較することはできないが，きわめて多くの人が来場していることが分かる．さらに，その半数が海外も含め関東や関西などの遠方からの人たちであり，瀬戸内海の島々を回遊しながら展示を見るという地域の観光産業に大いに貢献している．実際，宿泊を伴う場合の消費金額が1人当たり5万3千円になり，その経済波及効果はトータルで139億円になると試算している．

観光産業の振興は，地方創生の視点で言えばしごとづくりであるが，実はそれだけではない．若い人たちの移住にもつながっている．

棚田で有名な豊島では，この芸術祭をきっかけに島外の若い人たちが移住し，地元住民とともに運営する飲食店が生まれており，飲食店の数は芸術祭の前後で18軒から24軒に増えた．男木島では，移住してきた若い人たちの世帯や子どもたちが中心になってお祭りなどの島の行事に参加し，休んでいた保育所も再開している．序章で紹介した徳島の美波町でも，移住してきた企業の社員が地元行事に積極的に参加していることを述べたが，若い移住者と地元住民とのつながりが深まることで地域に新たなコミュニティが誕生している．

----

(11) 瀬戸内国際芸術祭実行委員会「瀬戸内国際芸術祭2016 総括報告」．http://setouchi-artfest.jp/files/artworks-artists/archive/general-report2016.pdf

小豆島では，参加アーティストが作品の制作や展示をきっかけとして地元住民と親しくなり，自然の魅力とあいまって島に移住している．宇野では，国内外の若いクリエイターの移住をサポートする「うのずくり」というプロジェクトがある[12]．「うのずくり」とは，「宇野」に「住（す）み＋つくる」という意味の造語であり，宇野の町で働き暮らし遊びながら，宇野の人たちとの交流をサポートしている．

　瀬戸内国際芸術祭の総合ディレクターをつとめている北川フラム氏は次のように述べている[13]．

　つないでいるのは，ものすごく多くの人たちです．3年に1回の芸術祭ではなく，日常のいろんな島の活動に参加していくということです．アートは手間がかかるし，面倒だし．だけど，赤ちゃんのような面白さがあって，いろんな人たちが関わることで元気になり，仲良くなりました．

　この芸術祭には100万人の来場者があるだけでなく，世界中からのサポーター登録数が5,000人にのぼる．来場者，アーティスト，サポーター，そして島の人たちが互いにつながることで，ここに新たな地域コミュニティが誕生している．

　しごとや移住に関する瀬戸内の地方創生に芸術祭は大きな役割を果たしている．もちろん，具体的な成果の検証はこれからであるが，地方創生の基盤となる地域コミュニティが再生していることは大きな進展といえる．

────────────────────────────

(12) うのずくりホームページ．http://www.unozukuri.com/
(13) 内閣府「地域づくりとアート──瀬戸内国際芸術祭を事例に」．http://www.cao.go.jp/chihousousei_info/jireisyu/kagawa/

若い人が地方に移住する理由は？
——人と人の出会いで意識が変わる

　横浜トリエンナーレや瀬戸内国際芸術祭は大規模な現代アート展であるが，日本で開催されている多くのアート展は1,000万円未満の予算で行われている．ここでは小規模なアート展の一つである「MMM（みなとメディアミュージアム）」をきっかけに移住してきた若いアーティストを紹介したい．

　MMMは茨城県ひたちなか市の那珂湊で，2009年から毎月8月に開催されている，地域活性化を狙いとした小規模な地域アートイベントである[14]．アーティストを招聘し，ひたちなか海浜鉄道の那珂湊駅，駅周辺の倉庫や空店舗，神社や公園などでアート作品を展示し，さまざまなワークショップを開催する．2016年の来場者は約2700人だった．事業費は約150万円で，これらは地元の商店や企業からの協賛金や寄附金などで賄われている．規模の差こそあれ，形式は瀬戸内国際芸術祭と同じである．ただ，運営スタッフは大学生であり，アートディレクター，プロデューサー，アーティストのほとんどが20代から30代の若い人であるところが特徴だ．

　MMMは2009年に東京圏の学生が始めたもので，当初は地元の協力があまり得られなかったが，2011年頃から商店街や地域住民がこのプロジェクトに積極的に参加し始め，地元のひたちなか海浜鉄道の協力もあって，小規模ながら安定した運営がなされている[15]．

　版画アーティストの田中彰氏は2015年のMMMにユニークな彫刻を展示した．幕末の「天狗党の乱」で残された刀傷のある柱を那珂湊駅構内に設置し，その柱に那珂湊の建物や名物を電熱ペンで緻密に刻ん

---

(14) MMM（みなとメディアミュージアム）ホームページ．http://minato-media-museum.com/
(15) 田島悠史「小規模地域アートイベントの有用性と持続性に関する研究——みなとメディアミュージアムを事例として」，慶應義塾大学博士論文，2014．

でいく作品だ．

　田中氏は2015年6月に東京から那珂湊に居を移し，那珂湊の街を取材しながら彫刻のイメージを膨らませていった．彼の住まいは築80年の木造古民家だ．この家はもともと2012年のMMMから「みなとカフェ」として営業していた建物であり，当時家主が手放そうとしていたところをMMMで貸してもらったのだ．それを2015年に田中氏が引き継ぎ，住まいならびにカフェ兼ギャラリーとして活用している．

　街を取材するなかでつながりのできた那珂湊の人たちがカフェやギャラリーを訪れ，自家焙煎の豆で珈琲を飲み，ギャラリーの展示作品を眺める．なぜカフェを始めたのか．田中氏は次のように述べている．

　カフェというのは人が集まる自然なコミュニティだと思っていて，いきなりオープンアトリエやギャラリーのようにしてしまうのはちょっと違うなと思いました．日常の中にアーティストという立場の人がいるという感じにしたかった，クリーニング屋さんやお惣菜屋さんと変わらない感じ，特別じゃない感じにアートをしたいと思っていました．

　彼は那珂湊に永住するというよりは，作品を制作するために那珂湊に滞在するという感覚だそうだ．ただ，山の仕事のように，樹木を伐採して使ったら，少しその土地を離れて回復したら戻ってきてまた樹木を育てる．那珂湊と古民家のカフェは，このようなアーティスト活動の拠点といえるだろう．

　第二の故郷という言葉があるように，アーティストに限らず，東京圏に住む人もこのような地方の拠点を考えてもいいのではないか．

　那珂湊に移住したもう1人のアーティストが臼田那智氏だ．臼田氏の作品は2016年に出品された「プラスチックプラクティス」で，那珂湊近くの海で拾ってきた貝や牡蠣，近所でもらった取っ手，神社でもらった提灯など，那珂湊の日常が詰まった山車である．

終章　地方創生と日本の未来

アーティストの臼田那智氏と作品「プラスチックプラクティス」

　臼田氏は2017年4月に東京都小平市から那珂湊に移住した．空き家だった那珂湊の古民家にアトリエを移したのである．臼田氏が那珂湊に移住した理由は，都会にはない魅力的な那珂湊の住民だという．コンビニでも，定食屋でも，那珂湊の人たちが気さくに話しかけてくる．そんな魅力に惹かれて移住を決意したそうだ．臼田氏は次のように語っている．

　昨年夏，八朔祭りに代わる，みなとフェスタが開催されて，風流物である屋台が町を練り歩いた時は，それをただ傍観していたよそ者の私を，「おまえも屋台を引け！」と祭りのノリで，町の屋台に引き込んでくれました．町の人と一緒に屋台を引く楽しさに，言葉で言い表せないほど魅了されてしまいました．私のことを，無償で受け入れてくれるし，力を貸してくれるし，歩み寄ってくれる，そのような方とたくさん出会い

185

ました．

　臼田氏は2014年に武蔵野美術大学を卒業した若手アーティストで，小平のアトリエで自分の作品づくりに没頭していたそうだ．それがMMMをきっかけに創作活動が変わったという．那珂湊で活動するようになり，良い意味で自分のこだわりを捨てて，アーティストと地域住民の関係を超え，人と人の出会いや，そこで生まれる変化を楽しむことができるようになったそうだ．

　2016年のMMMの最終日，那珂湊の人たちに感謝の意をこめて，そして那珂湊の生活が終わってしまう寂しさもあり，自分の作品（お祭りの屋台のような山車）の前でかき氷を無料で配布するイベントを実施した．そして，2017年に那珂湊に移住したのである．

　人と人の出会いで自分が変わっていく．その面白さをアート活動に活かす．那珂湊で制作した期間は移住のためのお試し期間といえる．それは田中氏の場合も同じだった．瀬戸内国際芸術祭をきっかけに移住してきた若い人たちにもいえるだろう．人と人の出会いの魅力はアーティストの意識も変えてしまう．都会にはない地方の魅力はそこにあるのだろう．

コストをかけない定住のスタートアップ
　　──ゆるい移住のすすめ

　現代アート展に出品するために滞在したことが，アーティストにとって移住のためのお試し期間になったが，次にユニークなお試し期間の事例を紹介したい．

　それは福井県鯖江市における「ゆるい移住」である[16]．移住するからには，どんなしごとに就くのか．地元の企業に就職する，あるいは農

---

(16) 鯖江市役所「ゆるい移住」．http://sabae-iju.jp/

業に従事するなど，しごとを前提として地方公共団体による移住促進が実施されてきた．2015年に鯖江市が実施した「ゆるい移住」プロジェクトは，田舎で就職，田舎で農業，田舎で起業，田舎に定住といったことをまったく押しつけない代わりに，それらを斡旋したり支援したりすることもない，実験的な試みであった．ただ，市が提供する住宅（3LDK×2戸）を半年間無料で貸し，趣味に没頭しても，新しい活動を始めても，しごとを探しても，起業しても，何をやるかは移住者に任されている．移住者は市の職員をはじめ，地域の住民や団体と自由なつながりを持つことができる．

このプロジェクトへ19名の参加希望者（平均年齢29歳）が全国から集まった．2日間の事前合宿で，どのような部屋の使い方をするのか，家具はどう調達するのかなどの話し合いが行われ，2015年10月から体験移住を行うことになった．滞在期間は各自に任されており，週末だけ，1ヵ月だけ鯖江にいる人もおり，まさに「ゆるい移住」だった．

家賃が無料なので光熱費は滞在日数で日割り計算しており，1人当たり月に1万4千円くらいだったという[17]．日頃の生活で移住者とつながりのあった人や近所の人が集まって毎月リビングでパーティーが行われる．ユニークな田舎のコミュニティの誕生である．

ゆるい移住は2016年3月で終了したが，2017年5月現在，鯖江市も含めて福井県に6名が定住している．住まいはいくつかの拠点に分かれ，地元の文具店が所有していた古いアパートを固定資産税の支払いだけで借りたり，鯖江市の古民家を格安の家賃で借りたり，山のなかの空き家に無料で生活している人もいる．

定住者のしごとはさまざまだ．元コンサルタントは福井で塾を経営し，元プロ野球選手はいくつかのカフェ店員を掛け持ちしている．元福祉施

---

[17] SUUMOジャーナル編集部「鯖江市の「ゆるい移住」，終了！ やってみてどうだった？」．http://suumo.jp/journal/2016/04/13/109357/

設職員は販売員をしながら，高齢者の室内ゲートボールチームのメンバーとなって活躍している．元ニートやフリーターは地元のおじいさんと知り合って限界集落の林業を手伝うようになり，炭を作って販売するビジネスを起業した．元IT社長は本人だけでなく，北海道の両親も実家を引き払って福井に移住してきた．

この「ゆるい移住」を発案した若新雄純氏は移住の背景を次のように語っている．

地域の人たちがよそ者を歓迎した，というのもあると思いますが，一番は，自由に人生の実験ができ，それをゆるしてくれる（あまり怪しまない）環境，というのが大きいと思います．それと，何かを始めるときに，どんなことでも，あまりコストをかけずにスモールスタートできる環境があるので，みんなそれを楽しんでいて，周りの地元の人も，それを一緒に楽しんだり，応援したりする雰囲気があると思います．

最初の家賃が無料でなかったら，鯖江に来ることはなかったという．若い人たちが定住するためには，コストのかからないお試し期間と地元の人たちの応援が大切ということだ．

ほとんどの地方公共団体で，地元へのUIJターンで定住者を増やす取り組みを実施している．東京に相談所を構えたり，地元に来る旅費などを補助したり，ウェブで案内を出したりしている．これらは家族持ちを対象としていることが多いが，大学Uターン組も含めて，20代30代の自由な単身者を受け入れるゆるい移住も大切ではないだろうか．

以上，地方で起業する人や地方に移住する人たちの意識について，いくつかの事例を通して述べてきた．

地方で起業する人を増やすには，冨田氏の発言にあるように，勇気ある人を大切にすることだ．人と違うことをする起業家の勇気，起業家を支援する行政や企業の勇気，そして起業家に拍手をおくる地元の人た

ちの勇気である．出雲氏の発言にもあったが，地方創生の具体的な施策とともに，地方公共団体トップが起業家を顕彰することを忘れてはならない．

　地方に移住する人を増やすには，若新氏や臼田氏の発言にあるように，移住者が楽しみながらスモールスタートできる環境があり，移住者を地元の人が無償で受け入れ，力を貸し，歩み寄ってくれることだ．IJターンでは移住者はよそ者になる．地元の人が移住を一緒に楽しめる雰囲気をつくることが大切だ．

　これらは主に筆者が取材した事例を通して得たことである．たくさんの事例を昇華させて得た知見ではないが，地方創生の戦略には表れない，つまりKPIを達成する取り組みでは語れない人の意識だ．行政による地方創生の施策だけで，起業したい人や移住したい人を本気にさせることは難しいと思う．地方公共団体はもとより，地域住民や地元の企業や団体など，地域創生に関連する人たちが協力することが重要と考えられる．

　これまで起業や移住について述べてきたが，もう一つ言及しなければならないのが婚活である．

東京圏の大学と企業よ！　地方を中心に日本創生を考えよう

　筆者が会社に勤務していた35年前，上司の机にはお見合い写真が入っていた．上司から写真を見せられ，「どう，お見合いしてみない」となる．労働組合は合コンならぬ合ハイ（合同ハイキング）をやっていた．この言葉を知る学生はもういないだろう．

　いつの頃からか，親戚や近所のおばさんが仲介するお見合い結婚はなくなり，ほとんどが恋愛結婚の時代になった．そして，恋愛相手と知り合うのはたいてい学校や会社である．筆者の研究室はまだ10年の歴史であるが，卒業生たちの多くは在学中か勤務先で出会った人と結婚している．研究室内カップルでは3組がゴールインしている．

ネットで結婚相手を見つけるサービスも盛んだ．多くの地方公共団体ではこの紹介サービスが主流である．しかし，最初から結婚することが前提ではなく，恋愛から始まって結婚にまで発展するのが理想だと思っている若い人は多い．

　そのためには，前述の移住と同じく，相手を見つける場所とその場所で恋愛相手と出会うためのお試し期間が必要になる．その場所が大学と会社なのだ．

　ただ，地方から東京圏の大学に入学した若い人は，東京圏の企業に就職することが多い．そのため大学や会社で出会った相手と結婚しても，そのまま東京圏で暮らすことになる．これでは東京圏の人口一極集中は変わらない．

　筆者は大学を卒業し研究者になった．もちろん，研究が好きだったのもあるが，混雑する通勤ではなく，のんびりした田舎の研究所に行きたかった．現在，勤務している大学も東京圏にはあるが，のんびりした田舎である．通勤ラッシュに悩むことはない．鶴岡タウンキャンパスの冨田氏も発言していたが，クリエイティブな仕事は田舎が一番だと思う．大学が田舎にあれば，起業する場所も田舎になる．もし，地方の大学に未来の宝となる技術があれば，起業するだけではなく，共同研究のために企業も地方に移動してくるだろう．

　郊外に大学キャンパスがつくられた時期があった．しかし，最近では都心でないと学生が集まりにくいということで，都心の高層ビルで教育・研究をする大学が増えた．私立大学の経営という意味では大事な視点だ．しかし，優秀な研究者を多数抱え，豊富な研究費のある国立大学は東京圏に固執しなくてもいいのではないか．むしろ，地方にキャンパスをつくり，優秀な研究者を地方に移すことを積極的に考えるべきだと思う．あるいは地方の大学に豊富な研究費を与えて，そこで優秀な研究者を雇用することも考えられる．

　人工合成クモ糸で起業したSpiberの関山氏も，日本経済再生本部主

催の「未来投資に向けた官民対話」において,地域イノベーションを創出し加速させるために,国の研究費の一部を地方や若手研究者に厚く配分し,政府の研究資金で購入した機器を有効に活用できるようにすることを要望している[18].

特任教授という職名がある.マスコミでよく登場する言葉だ.これは大学の専任教員ではなく,外部からの委託研究費で雇用した研究者であることが多い.たとえば,東京大学は専任教員が約3,900人に対し,約2,000人の特任教員や研究員がおり,研究費は科学研究費と外部資金をあわせて約740億円にのぼる[19].

もし,地方にこのような優秀な研究者のいるキャンパスや地方大学ができれば,そこから新しい産業が生まれるだけではない.福井県のように若い女性の就職にもつながり,婚活のお試し場所にもなる.少々飛躍した話と思われる読者もおられるかもしれない.しかし,優秀な学生や研究者を抱える大学と企業が地方にできることで,しごと,移住,婚活の地方創生の三つの柱を同時に満たすことが期待できるのだ.

北陸先端技術大学院大学や奈良先端技術大学院大学など,地方で質の高い研究活動をしている大学もあるが,地方大学の人材や研究費などの研究資源は豊かとはいえない.筆者らは八つの県にインタビューしてきたが,東京圏の大学と連携する話を聞いたことはなかった.地方にはそのような余裕はない.むしろ,地方との連携は東京圏の大学が考えるべきなのではないだろうか.

地方との連携は企業にも考えてもらいたい.大阪に本社をおくAVCテクノロジーは,パナソニックのテレビやカメラなどのAV製品を開発している.この企業では1991年に札幌に技術研究所を設立した.北海道には

---

[18] 関山和秀「シリコンバレーを超える鶴岡モデル」,日本経済再生本部「未来投資に向けた官民対話」第5回.http://www.kantei.go.jp/jp/singi/keizaisaisei/kanmin_taiwa/dai5/siryou3.pdf
[19] 東京大学「東京大学の概要 資料編」.http://www.u-tokyo.ac.jp/content/400044529.pdf

北海道大学をはじめ，室蘭工業大学や北見工業大学などの優秀な技術系の学生がいるためである．現在でもこの技術研究所の技術者はほとんど北海道出身だ．優良企業の研究開発部門が地方にできることで，地方大学の就職状況が改善されるとともに，東京圏に移住することなく余裕ある地方生活を楽しむことができる．

　また，東京圏の大学と地方の企業の共同研究もある．就職することが目的で大学に入学する学生は，在学中に企業でインターンシップをやることが多い．インターンシップを履修単位として認定している大学もある．就業体験は確かに社会勉強には違いないが，学生たちの話を聞く限り，就活の入口だったり，会社でバイトしたりするのと変わらない．卒業して就職すれば嫌でも働かざるを得なくなる．それよりも大学と企業との共同研究に参画し，卒業研究の一環として働く体験をした方がより効果的と考えられる．学生のなかには地方の企業や生活を気に入り，東京圏の企業に就職することなく，地方の企業に就職することもあるだろう．東京圏の大学と地方の企業が共同研究で連携することも視野に入れるべきだろう．

　さらに，学生たちの意識も大切だ．華やかな都会に憧れて東京圏に来る学生は多い．都会の喧騒が苦手な学生でも結局は東京圏の企業に就職してしまう．鶴岡タウンキャンパスの先端生命科学研究所では，地元の高校生を研究助手として，また自主的な研究をしたい高校生を特別研究生として採用している．2017年は8名の研究助手と20名の特別研究生が入所している．また，全国の高校生を集めて成果を発表する高校生バイオサミットも開催している．高校生のうちから自分の意思を大切にして，地方を中心に勉強したり働いたりする意識を持ってもらうことが大切である．お金や地位を働く価値にするのもいいが，創造する楽しさや社会に貢献する嬉しさを第一に考え，ときには自分の生活や趣味を優先することも必要だと思う．

　最後は，地方住民と移住者との交流である．よそ者として移住した人

たちはみな地方の人たちが温かく迎えてくれたことを挙げている．ただ，移住者が黙っていては地元の人との交流は生まれない．お祭りなどのイベントを通して地元のコミュニティに積極的に参加することが大切である．そのためのお試し期間だ．この積極性があってこそ，地元の人たちの温かさを感じることができるのだ．

　本書の主たる内容は，地方公共団体が設定したKPIの目標から地方創生の取り組みを述べることだった．しかし，地方創生の主役は行政ではなく，地方で起業する人や移住する人や子育てする人である．行政は主役を支える脇役だ．脇役は行政だけでなく，東京圏の大学や企業も立派な脇役といえる．

　地方創生はその地方だけで解決できる問題ではない．未来の日本を背負って立つ若い人が魅力的な主役になれるように，行政や大学や企業がそれぞれの立場を超えて，日本全体で地方創生を考えなければならない．地方を中心に日本創生を考えること．これが若い人たちの明るい40年後の未来につながると信じている．

総合戦略の出典

　本書で取りあげた総合戦略の出典は以下の通りである．各都道府県は，戦略の進捗状況を鑑み総合戦略を更新するため，本書で紹介したKPI，目標値，取り組み内容は随時更新されていることを了承いただきたい．

No.	都道府県	地方版総合戦略　名称	出所資料作成年月
1	北海道	北海道創生総合戦略 北海道人口ビジョン	平成27年10月 平成27年10月
2	青森県	まち・ひと・しごと創生　青森県総合戦略 青森県長期人口ビジョン	平成27年 8月 平成27年 8月
3	宮城県	宮城県地方創生総合戦略	平成27年10月
4	秋田県	あきた未来総合戦略 秋田県人口ビジョン	平成27年10月 平成27年10月
5	岩手県	岩手県ふるさと振興総合戦略　〜岩手県まち・ひと・しごと創生総合戦略〜 岩手県人口ビジョン	平成27年10月 平成27年10月
5	山形県	やまがた創生総合戦略 山形県人口ビジョン	平成27年10月 平成27年10月
7	福島県	ふくしま創生総合戦略　〜ふくしま7つの挑戦〜 福島県人口ビジョン	平成27年12月 平成27年11月
8	茨城県	茨城県まち・ひと・しごと創生総合戦略 茨城県人口ビジョン	平成27年10月 平成27年10月
9	栃木県	栃木創生15戦略	平成27年10月
10	群馬県	群馬県版総合戦略	平成28年 3月
11	埼玉県	埼玉県まち・ひと・しごと創生総合戦略	平成28年 6月 (埼玉県HPの記載)
12	東京都	東京と地方が共に栄える，真の地方創生の実現を目指して　〜東京都総合戦略〜	平成27年10月
13	千葉県	千葉県地方創生「総合戦略」 千葉県人口ビジョン	平成27年10月 平成27年10月
14	神奈川県	神奈川県ひと・まち・しごと創生総合戦略 神奈川県人口ビジョン	平成28年 3月 平成28年 3月
15	山梨県	山梨県まち・ひと・しごと創生総合戦略 山梨県まち・ひと・しごと創生人口ビジョン	平成27年12月 平成27年 9月

総合戦略の出典

No.	都道府県	地方版総合戦略　名称	出所資料作成年月
16	長野県	長野県人口定着・確かな暮らし実現総合戦略	平成28年 2月
17	新潟県	新潟県創生総合戦略 新潟県人口ビジョン	平成27年10月 平成27年10月
18	静岡県	美しい"ふじのくに"まち・ひと・しごと創生総合戦略 長期人口ビジョン	平成27年10月 平成27年10月
19	愛知県	愛知県人口ビジョン・まち・ひと・しごと創生総合戦略	平成27年10月
20	三重県	三重県まち・ひと・しごと創生総合戦略 三重県人口ビジョン	平成27年10月 平成27年10月
21	岐阜県	「清流の国ぎふ」創生総合戦略 岐阜県人口ビジョン	平成27年10月 平成27年10月
22	石川県	いしかわ創生総合戦略	平成27年10月
23	富山県	とやま未来創生戦略 富山県人口ビジョン	平成27年10月 平成27年10月
24	福井県	ふくい創生・人口減少対策戦略 福井県の人口の動向と将来見通し	平成27年10月 平成27年10月
25	滋賀県	人口減少を見据えた豊かな滋賀づくり総合戦略	平成27年10月
26	京都府	京都府地域創生戦略　京都流地域創生 京都府人口ビジョン	平成27年10月 平成27年10月
27	奈良県	奈良県地方創生総合戦略 奈良県人口ビジョン	平成27年12月 平成27年12月
28	大阪府	大阪府まち・ひと・しごと創生総合戦略 大阪府人口ビジョン	平成28年 3月 平成28年 3月
29	和歌山県	和歌山県まち・ひと・しごと創生総合戦略 和歌山県長期人口ビジョン	平成27年 6月 平成27年 6月
30	兵庫県	兵庫県地域創生戦略 兵庫県の人口の将来展望	平成27年10月 資料に記載なし
31	岡山県	おかやま創生総合戦略 岡山県人口ビジョン	平成27年10月 平成27年10月
32	広島県	広島県まち・ひと・しごと創生総合戦略	平成27年10月
33	山口県	山口県まち・ひと・しごと創生総合戦略 山口県人口ビジョン	平成27年10月 平成27年10月
34	鳥取県	鳥取県元気づくり総合戦略　～響かせようトットリズム 鳥取県人口ビジョン	平成27年10月 平成27年10月
35	島根県	まち・ひと・しごと創生　島根県総合戦略 島根県人口ビジョン	平成27年10月 平成27年10月
36	愛媛県	愛媛県版まち・ひと・しごと創生総合戦略 愛媛県人口ビジョン	平成27年10月 平成27年10月
37	高知県	高知県まち・ひと・しごと創成総合戦略	平成27年 8月

No.	都道府県	地方版総合戦略　名称	出所資料作成年月
38	香川県	かがわ創生総合戦略 香川県人口ビジョン	平成27年10月 平成27年10月
39	徳島県	vs東京とくしま回帰総合戦略 とくしま人口ビジョン	平成27年 7月 平成27年 7月
40	福岡県	福岡県人口ビジョン・地方創生総合戦略	資料に記載なし
41	佐賀県	佐賀県まち・ひと・しごと創生総合戦略 佐賀県における人口の将来推計（佐賀県人口ビジョン）	平成27年 9月 平成27年 6月
42	長崎県	長崎県まち・ひと・しごと創生総合戦略 長崎県長期人口ビジョン	平成27年10月 平成27年10月
43	大分県	まち・ひと・しごと創生 大分県総合戦略 大分県人口ビジョン	平成27年10月 平成27年10月
44	宮崎県	宮崎県まち・ひと・しごと創生総合戦略	平成27年 9月
45	熊本県	熊本県まち・ひと・しごと創生総合戦略 熊本県人口ビジョン	平成27年10月 平成27年10月
46	鹿児島県	鹿児島県まち・ひと・しごと創生総合戦略	平成28年 3月
47	沖縄県	沖縄県人口増加計画（改定版）	平成27年 9月

あとがき

　正直に言うと，KPIというのはあまり好きではなかった．

　私の研究室では10年前から伊東市で商店街の活性化に取り組んでいる．学生たちと一緒に，商店主の顔が見えるポスターを作り，伊東ブランド商品を考え，伊東のお土産袋をデザインするなど，さまざまな活動をしてきた．そこには温かみのある「人」や「つながり」が見えるし，アクションを起こすと何らかの「変化」が感じられる．その楽しさや難しさを体験しているがゆえに，KPIという冷たい指標で地方は語れないと思ったからである．

　ところが，海外の観光サービス調査を一緒に行ってきた日立コンサルティングの川西氏から，KPIによる都道府県ランキングという，地方創生のユニークなデータ分析を聞かせてもらい，KPIに対する認識が変わってしまった．もともと理系出身なので，このような定量化には目がない．そこから，地方公共団体の具体的な施策や事例と組み合わせることで，地方創生にマクロ的な視点を提供できると考えたのである．

　このような経緯もあり，KPIの分析方法（第1章）と主要KPIの解説（第2章）は日立コンサルティングのメンバーが執筆した．八つの県への具体的な施策のインタビューは主に山口氏と私で行い，そのまとめ（第3章〜第5章）を須藤氏が中心になって執筆した．さらに本書の構成，位置づけ（序章），最後の地方創生への提言（終章）は私が担当した．

　最後に，紙幅の都合で一人ひとりのお名前は挙げられないが，インタビューを快くお引き受けいただき，地方の悩みやアイデアをお話しくださった秋田県，沖縄県，静岡県，徳島県，兵庫県，福井県，三重県，山口県の県庁の皆さまに心より御礼申し上げる．そして，企画から半年という短い期間で編集していただいたNTT出版の山田兼太郎氏に感謝したい．

2017年7月

執筆者を代表して

小川克彦

編著者

小川克彦（おがわ・かつひこ）

慶應義塾大学 環境情報学部教授.
1978年に慶應義塾大学工学部修士課程を修了しNTTに入社. NTTサイバーソリューション研究所所長を経て,2007年より現職.工学博士.専門は,ヒューマンセンタードデザイン,ネット社会論.主な著書に『つながり進化論』(中央公論新社),『デジタルな生活』(NTT出版)がある.

山口信弥（やまぐち・しんや）

日立コンサルティング 公共コンサルティング本部 ディレクター.
自治体の業務改革・システム導入に関わるプロジェクトを経て,現在は地方創生やSociety5.0関連のコンサルティング業務に従事.

著者

川西康則（かわにし・やすのり）

日立コンサルティング 公共コンサルティング本部 シニアディレクター.
国や自治体の業務・システム最適化や,番号制度の導入に関わるコンサルティングを経て,現在はオープンデータの利活用やSociety5.0の実現に向けた提言に従事.

須藤一磨（すとう・かずま）

日立コンサルティング 公共コンサルティング本部 コンサルタント.
間接材購買コンサル企業にて,地方の宿泊施設や小売店等のコスト改善業務を経験し,2016年より現職.現在は地方創生やSociety5.0関連のコンサルティング業務に従事.

地方創生は日本を救うか
―― KPIランキングで読み解く日本の未来

2017年8月3日　初版第1刷発行

編著者　　小川克彦＋山口信弥

発行者　　長谷部敏治
発行所　　NTT出版株式会社
　　　　　〒141-8654　東京都品川区上大崎3-1-1　JR東急目黒ビル
　　　　　営業担当　TEL 03(5434)1010　FAX 03(5434)1008
　　　　　編集担当　TEL 03(5434)1001

　　　　　http://www.nttpub.co.jp

ブックデザイン　小口翔平＋上坊菜々子＋三森健太(tobufune)
印刷・製本　　　共同印刷株式会社

©OGAWA Katsuhiko & YAMAGUCHI Shinya　2017 Printed in Japan
ISBN 978-4-7571-2364-9 C0031
乱丁・落丁はお取り替えいたします. 定価はカバーに表示してあります.